EDITION OSHO

Die Vorlage zu diesem Buch ist das gesprochene Wort Oshos. Die Diskurse sind, wie alle seine „Talks", aus dem Stegreif vor einer großen Zuhörerschaft gehalten, und wurden vom Tonband übersetzt. Dieses Buch ist zuerst auf Hindi, unter dem Titel „Prabhu Ki Pagdandiyan", erschienen und dann ins Englische übersetzt worden. Alle Osho Diskurse sind als Originale publiziert worden und als Original-Audios erhältlich. Audios und das vollständige Text-Archiv finden sie unter der Onlinebibliothek „Osho Library" bei www.osho.com

Titel der englischen Ausgabe: *Just a Small Step*

Neuauflage 2023

Umschlaggestaltung: Guter Punkt, München unter Verwendung eines Motivs

von © Dmytro Synelnychenko / iStock / Getty Images Plus

Übersetzung: Anuragi Oskar Klappenberger

Druck: CPI books, Leck

Printed in Germany

ISBN 978-3-947508-65-5

OSHO

Nur ein kleiner Schritt

Hin zu Meditation,
Stille und innerem Frieden

innenwelt verlag

Inhalt

Vorwort

Darüber denke nach: In was auch immer ich mein ganzes Leben lang investiere – in Wissen, Reichtum, Askese, Berühmtheit, in Romane schreiben, Bilder malen oder Lieder singen – am Ende, im Angesicht des Todes, wenn mein ganzes Leben auf dem Prüfstand steht, werden diese Dinge dann irgendeine Bedeutung haben oder nicht?

Wenn sie nichts bedeuten, dann ist es besser, sich dessen noch heute bewusst zu werden. Und es ist besser, dein Leben in so eine Richtung zu entfalten, wo du Reichtum, Kraft, Energie im Kern deines Seins entwickeln kannst, dass du dann, wenn du dem Tod gegenüberstehst, etwas in dir hast, das sogar vom Tod unberührt bleibt.

Das ist möglich. Wäre es nicht möglich, wäre alle Religion einfach Unsinn und überflüssig. Es ist bereits früher möglich gewesen und es ist sogar heute möglich. Es kann im Leben eines jeden Menschen geschehen. Aber weder fällt es vom Himmel, noch ist es durch Nächstenliebe zu erreichen, noch kann man es stehlen. Man kriegt es auch nicht umsonst, indem man zum Beispiel einem erleuchteten Meister zu Füßen sitzt. Niemand kann es an dich weiterreichen; nur durch dich allein kann es in die Welt kommen. Es kann nur durch deine eigenen Anstrengungen geboren werden, durch dein eigenes Leben, durch deine eigene Entscheidung, wenn du deine gesamte Energie dahinein gibst.

Solange wir aber das Gefühl haben, dass das, was wir tun, vollkommen okay ist, solange uns die Art und Weise wie wir leben richtig erscheint, solange können wir keine Schritte in diese Richtung gehen. Irgendwo ist unser Leben vergiftet, irgendwo sind wir auf dem Holzweg. Wir müssen uns bewusst sein, dass die Richtung, in die unser Leben geht, nirgendwohin führt.

Dieser Wahrnehmung Raum zu geben ist so, als würden wir uns und unser Leben mit dem Tod konfrontieren. Du wirst sowieso eines Tages dein Leben mit dem Tod konfrontieren müssen, aber dann ist es zu spät, dann kannst du nichts mehr tun. Jemand, der sich jetzt dieser Auseinandersetzung stellt, kann seinem Leben eine neue Richtung geben. Dann wird in seinem Leben etwas passieren, eine Revolution wird durch sein Leben gehen. Es ist also notwendig, sich dieser Auseinandersetzung noch heute zu stellen, und sie jeden Tag neu vorzunehmen.

Aus: Osho, The Independent Mind

Kapitel 1

Eine Reise der Stille

Ihr Lieben – ich habe euch an diese einsame Küste gerufen* und ihr seid gekommen. Vermutlich habt ihr keine klare Vorstellung, wozu ihr eigentlich eingeladen worden seid. Wenn ihr meint, ich würde reden und ihr würdet zuhören, dann irrt ihr. Ich gehe regelmäßig von Dorf zu Dorf und rede und ihr hört mir zu. Hierher zu kommen, nur um mir zuzuhören, das macht keinen Sinn. Nur wenn ihr bereit seid, selber etwas zu tun, nur dann hat eure Reise hierher auch eine Bedeutung. Deshalb habe ich euch zu mir hierher gerufen.

Worum es geht und was die nächsten drei Tage geschehen soll, das will ich näher darlegen in der Hoffnung, dass ihr euch das nicht einfach nur anhört, sondern dass ihr – wenigstens diese drei Tage lang – mit all dem, wovon ich rede, experimentiert. Mein Verständnis ist, dass auch nur ein einziger Schritt Richtung Wahrheit nicht mehr rückgängig gemacht werden kann, weil das gar nicht geht. Einen Schritt Richtung Unwahrheit, den muss man rückgängig machen, aber ein Schritt in Richtung Wahrheit kann unmöglich zurückgenommen werden.

Wenn du nun also in diesen drei Tagen auch nur einen kleinen Schritt machen wirst, wirst du auch weiterhin vorwärts gehen. Und dann wirst du nicht mehr zurück können. Ich werde reden, aber durch mein Reden allein wird sich gar nichts ändern. Wenn du aber mit dem, was ich sage, experimentierst, dann verspreche ich dir von

* *Osho hat in seinen jungen Jahren Meditationscamps in ganz Indien abgehalten. Dieses Buch beruht auf seinen „Talks" während eines dieser Camps.*

meiner Seite aus, dass, welche Fortschritte auch immer du meinst in deinem Leben jemals vollbracht zu haben – es werden sich nun in deinem Leben noch weitaus größere Dinge ereignen.

Wir sind uns überhaupt nicht bewusst, mit welch geringem Aufwand ein innerer Schatz gefunden werden kann. Wie kann man das auch wissen? Das weiß man erst dann, wenn man den Schatz gehoben hat. Anders geht das nicht. Aber in Tausenden von Jahren hat sich die Menschheit in unglaubliche Verwicklungen selbst verstrickt: durch Hörensagen, Grübeleien und Überlegungen. Das passiert ja oft, dass, wenn der Mensch zu viel denkt, er schließlich gar nichts mehr in der Lage ist zu tun.

Je mehr das Denken und Abwägen in der Welt zugenommen hat, desto mehr hat die Fähigkeit, etwas zu tun, abgenommen. Unsere Situation ist so geworden wie in diesem Witz, den ich gehört habe:

Im ersten Weltkrieg wurde ein amerikanischer Philosoph ins Militär aufgenommen. Ein Philosoph ist einer, der denkt. Für ihn gibt es nur eine einzige Art des Tuns, nämlich die zu denken. Bei seiner Musterung wurde festgestellt, dass er von ausgezeichneter körperlicher Kondition war. Arme und Beine waren perfekt, sein ganzer Körper war gesund. Die Sehschärfe seiner Augen war gut, er war in jeder Hinsicht gesund, es war also klar, dass die Ärzte ihn in die Armee aufnahmen. So jemand ist fürs Militär geeignet. Aber keiner der Ärzte wäre je auf die Idee gekommen, dass dieser ausgesprochen gesunde Mensch unfähig wäre, irgendetwas anderes zu tun als zu denken. Wie hätten sie sich das auch vorstellen können? So was kann man nicht feststellen, wenn man jemanden nur äußerlich beurteilt.

Er wurde also rekrutiert, und gleich am ersten Tag stand er in Reih und Glied und der Offizier rief „links um". Alle Soldaten drehten sich links um, aber er blieb stehen. Der Offizier sagte „Mann, kannst du nicht hören?" Er sagte, ich kann gut hören, aber ohne zu denken kann ich nichts tun. Ich denke gerade darüber nach, ob ich mich nach links herumdrehen soll oder nicht."

Der Offizier sagte: „Dann wird das sehr schwierig. Wenn du so viel denkst, dann bist du für den Beruf des Soldaten nicht geeignet."

Der Offizier versuchte alles Mögliche, ihm das einsichtig zu machen, aber es gab keinen anderen Weg. Der Mann konnte nichts tun, ohne zu denken. Hätte er nur wie jeder andere gedacht, hätte es kein Problem gegeben, aber dieser Mann dachte so viel, dass die Zeit zu handeln schon längst vorbei war. Aus einem Gedanken leitete sich schon der nächste ab und das ergab eine endlose Kette von Gedanken. Später entdeckte man, dass dieser Mann eine junge Frau hatte heiraten wollen, aber er dachte drei Jahre lange über die Vor- und Nachteile des Heiratens nach. Nach drei Jahren konnte er immer noch nicht entscheiden, ob es richtig war, zu heiraten oder nicht. Er ging zu der jungen Frau und sagte: „Bitte verzeih mir, ich kann mich immer noch nicht entscheiden." Da war diese Frau aber bereits verheiratet und hatte drei Kinder.

Man konnte also mit diesem Mann nichts anfangen, aber nachdem er nun einmal rekrutiert war, und er ja auch ein berühmter Philosoph war, versuchte man ihn wenigstens für irgendeine Arbeit zu verwenden. Er wurde in die Militärküche geschickt, da könnte er wenigstens einfache Arbeiten verrichten. Am ersten Tag gab man ihm Erbsen, die er sortieren sollte, die großen sollte er hierhin, die kleinen dorthin tun. Nach einer Stunde kam sein Vorgesetzter, er aber saß da, mit dem Kopf auf die Hände gestützt. Die Erbsen lagen so da, wie man sie ihm gegeben hatte.

Der Vorgesetzte fragte ihn: „Du kannst nicht einmal das tun?"

Der Mann sagte: „Doch, doch, ich werde es auf alle Fälle tun, aber zuerst einmal muss ich denken. Es ist schon klar, da gibt es große Erbsen und da gibt es kleine Erbsen, was aber soll ich mit denen von mittlerer Größe tun? Solange ich nicht in der Lage bin, das zu entscheiden, macht alles andere keinen Sinn, und ich käme nur in unnötige Schwierigkeiten. Ich habe viel darüber nachgedacht, ob ich die von mittlerer Größe zu den großen tun sollte oder zu den kleinen, denn sie sind weder groß noch klein." Was mit dem Mann weiter passiert ist, weiß ich nicht, aber man kann sich's vorstellen.

In den Dingen, die für unser Leben wesentlich sind, sind wir alle so ähnlich wie dieser Mann. Ich hab euch nicht hierher gerufen, damit ihr denken sollt, in keinster Weise. Ich hab euch hierher gerufen, damit ihr ein paar Schritte vorwärts tut. Das ist schon klar, wenn es in diesem Meditationscamp darum ginge, Überlegungen anzustellen, dann würde es ausreichen, wenn ich nur zu euch rede. Aber um dich selber vorwärts zu entwickeln bist du viel wichtiger als ich. In diesem Meditationscamp bin ich zweitrangig, denn es geht um dich. Ich bin nicht wichtig, denn du bist derjenige, der vorwärts gehen muss. In diesen drei Tagen möchte ich nur über die Dinge reden, die eine Hilfe sind, um dich zu deinem inneren Leben zu führen. Ich werde nur von dem reden, was Schritte sein können auf der Reise zum Tempel des Göttlichen. Aber ein Schritt ist nur dann ein wirklicher Schritt, wenn du mit ihm eine Stufe höher steigst, sonst wäre dieser Schritt nur ein Zeitvertreib. Nur wenn jemand mit diesem Schritt eine Stufe höher steigt, ist das ein wirklicher Schritt nach vorne. So ist es ja auch mit Steinen, ein Stein kann in der Ebene liegen, aber er kann auch zu einer Stufe nach oben werden, so wie die Stufen eines Tempels Stufen ins Göttliche sein können.

Man muss sich das ins Bewusstsein rufen: Selbst Narren können auf Stufen so herumlaufen, als wären sie nur Steine auf gleicher Ebene. Aber es gibt intelligente Menschen, die einfache Steine dazu benützen, um sich weiterzuentwickeln, sie verwandeln einfache Steine in Stufen nach oben. Was also machen wir hier? Warum habe ich euch hierher gerufen? Um welche Reise geht es?

Es gibt äußerliche Reisen, wie sie jeder von uns kennt. Auf diesen äußerlichen Reisen, ob sie nun erfolgreich sind oder nicht – in beiden Fällen kommen wir zwangsläufig an einen Punkt, wo wir feststellen, dass wir verloren haben. Denn wenn der Tod kommt, löscht er alle äußerlichen Erfolge wie auch alle äußerlichen Misserfolge aus. Wir bleiben so leer zurück, wie wir ins Leben gekommen sind. Für diejenigen allerdings, die sich auch auf eine innere Reise begeben haben, für die kommt der Tod niemals, denn wenn sie nach innen gehen, dann stellen sie fest, für das, was innen ist, gibt es keinen Tod. Was innen ist gibt es immer, was innen ist war immer, was innen ist wird immer sein.

Die innere Reise ist eine endlose Reise. Es gibt ein Leben, welches unsterblich ist. Denn denen, die dieses Leben erfahren haben, kann der Tod nichts wegnehmen. Nur Narren können den Erfolg, der ihnen vom Tod genommen werden kann, Erfolg nennen. Wie kann das, was weggenommen werden kann, Erfolg genannt werden?

Wenn wir einen Reichtum erreichen können, der uns nicht weggenommen werden kann, der nicht zerstört, der uns nicht gestohlen werden kann, nur so ein Reichtum kann Reichtum genannt werden. Diese Einladung ging an euch, diesen Reichtum zu suchen, und ihr seid von weit entfernten Plätzen gekommen. Aber noch ist diese Reise eine äußerliche Reise. Hierher nach Nargol zu kommen ist das Eine. Zu kommen, um vor mir zu sitzen, ist das Eine. Auch dies ist eine äußerliche Reise. Mir zuzuhören ist eine äußerliche Sache, ist eine äußerliche Reise.

Jetzt müsst ihr in diesen drei Tagen nach innen reisen, wo *du* bist, wo das Sein eines jeden Menschen ist, wo der Tempel des Bewusstseins liegt. Wir kennen uns selber nicht. Wir wissen nicht, was wir sind, wer wir sind. Wer bin ich? Woher komme ich? Warum gibt es mich? Wir wissen überhaupt nichts. Wir leben blind, und dann sterben wir. Ist solch ein Leben überhaupt annehmbar? Kann so ein Leben einen überhaupt zufriedenstellen? Natürlich ist so ein Leben für dich nicht befriedigend und genau deshalb bist du hierhergekommen. Was für eine andere Art zu leben ist möglich und wie kann man dieses Leben erreichen?

Jetzt will ich erst einmal über die wesentlichsten und grundlegendsten Punkte sprechen. Ab morgen früh dann werden wir über die tiefere Reise sprechen, aber die grundlegenden und wesentlichen Dinge sind nicht weniger wichtig. Auf jeder Reise ist der erste Schritt nie weniger wichtig als der letzte. Im Gegenteil. Die Wahrheit ist, dass der erste Schritt überhaupt der eigentliche Schritt ist. Wer den ersten Schritt zu tun in der Lage ist, der wird auch den letzten vollbringen können. Und wer den ersten Schritt nicht macht, für den steht der letzte gar nicht zur Debatte. Insofern werde ich jetzt nur über die wesentlichen und grundlegenden Dinge sprechen.

Zum Ersten: Ihr seid jetzt auf diesem Meditationscamp körperlich eingetroffen, aber jetzt ist es wichtig, dass ihr nun auch geistig hier ankommt. Körperlich anwesend zu sein ist einfach, aber für das Bewusstsein ist es etwas vollkommen anderes, denn der Verstand strebt immer nach der Vergangenheit. Der Mind strebt immer rückwärts. Und wir sind immer da, von wo aus wir aufgebrochen sind. Wir sind immer in der Vergangenheit, niemals in der Gegenwart. Unser Verstand ist immer da, wo wir waren, er ist nie da, wo wir gerade angekommen sind. Und wir sind nie in dem Moment, der gerade vorübergeht. Unser Verstand ist immer mit dem, was vorübergegangen ist. Dafür gibt es einen Grund. Der Grund ist, dass wir es akzeptiert haben, dass unser Gedächtnis unser Bewusstsein wäre, dass unser Erinnern unser Sein wäre. Das ist ein Irrtum, ein grundlegendes Missverständnis. Der Sucher muss wissen, dass alles, was vorüber ist, komplett vergangen ist. Da bleibt aber auch nicht die leiseste Spur von Vergangenheit übrig. Und es existiert auch keinerlei Rest davon außer in unserer Erinnerung. Sei also so freundlich und entlasse es auch aus deinem Gedächtnis. Die Vergangenheit ist bereits passiert, sie ist vorbei – lass sie gehen.

Du bist jetzt sowieso da, also dann sei komplett hier. Wenn du diese drei Tage hier an diesem Strand bist – du hörst das Rauschen des Ozeans im Schatten der Zypressen, siehst den Himmel, die Sterne, das Mondlicht – dann ist wirkliche Arbeit möglich. In der Gegenwart zu sein, das ist die allererste Bedingung für einen Sucher, mit dem zu sein, was ist. Aber wir sterben nie der Vergangenheit, wir tragen sie auf unseren Schultern herum, wir behalten ihre Last auf unserem Rücken. Schau dir die Blätter im Herbstwald an, Blätter, auf die einst die Sonne geschienen hat, zu denen die Winde gesprochen haben und sie tanzen ließen. Dann kam der Herbst und diese Blätter sind auf einmal abgefallen. Die Blumen, auf denen die Bienen gesummt hatten, gibt es nicht mehr, sie sind verschwunden. Die Äste sind nackt, der Baum ist regelrecht tot, keine Blüten mehr, keine Blätter, niemand summt mehr irgendwelche Lieder, kein Schatten mehr, kein Laub. Der Baum ist vertrocknet, tot.

Aber in ein paar Monaten wirst du sehen, dass neue Blätter erschienen sind. An der Stelle der alten ist neue Farbe da. Wieder sind Blüten aufgegangen, viel frischer, wie neu. Wieder gibt es Lieder, wieder das Summen, wieder haben die Vögel Nester gebaut, und im Schatten der Bäume lassen sich Menschen nieder. Der Baum ist wieder neu, er ist wieder jung geworden. Der Baum weiß, was Transformation ist, er kennt die Geheimnisse der Natur. Er kennt das Geheimnis des Sterbens. Er starb im Herbst, er ließ alles zurück, was alt war. Jetzt ist er neu geworden, wieder lebendig, wieder frisch, wieder jung.

Der Mensch hat dieses Geheimnis vergessen; insofern wird der Mensch immer älter und älter. Dieses Altern sammelt sich wie eine Last auf seinem Rücken. Unser Körper altert, aber es gibt keinen Grund dafür, dass unser Sein altert. Der Körper wird älter, aber wir erlauben auch unserem Bewusstsein zu altern. Wir sammeln dieses alte Laub, diese Blumen, die es nicht mehr gibt, diese Lieder um die Blumen herum, die Vögel, die hier innegehalten hatten, die Menschen, die sich im Schatten um die Bäume herum zur Rast niedergelassen hatten. All das häufen wir in uns auf, die Last der Vergangenheit wird heftiger und heftiger, und die Seele der Menschen ist zerfetzt, verkümmert, und altert unter dieser Last.

Mag sein, dass ein Mensch körperlich altert, aber wenn das Sein täglich jung bleibt und er das Geheimnis kennt, wie man die Vergangenheit täglich loslässt … Das, was gewesen ist, ist gewesen, das was vergangen ist, ist vergangen. Es ist ja gar nicht mehr da, also warum sollte ich dann in dieser Vergangenheit festsitzen? So wie eine Schlange sich häutet, so kann ich auch von der Schlangenhaut der Vergangenheit loslassen und weiter vorwärts in die Zukunft gehen. Dann wird nur der Körper eines Menschen altern, nicht seine Augen, nicht seine Seele. Diese ewige Jugend, dieses ewige Leben, das immer jung bleibt, wird leuchten, sogar von innen her im Körper eines alten Menschen. Das ist es, was wir brauchen an Jugend, an Lebendigkeit, an Unschuld, an Spannung, an Frische. Nur damit kann sich ein Mensch erfolgreich auf die Reise machen zum Tempel des Göttlichen. Ein alter Mensch langt nie an diesem Tempel des Göttlichen an; das geht nicht. Ein alter Mensch erreicht höchstens das Grab, sonst nichts. Aber vergiss nicht, ich nenne nicht einen alten Menschen „alt". Jedermann wird alt im physikalischen Sinn, sogar Buddha, sogar Mahavira, sogar Krishna, sogar Christus – aber manche Menschen bleiben frisch, jung, neu in ihrem Sein. Diejenigen, die frisch, jung, neu in ihrem Sein, in ihrem Bewusstsein bleiben, nur die werden in den Tempel des Göttlichen gelangen.

Warum das so ist? Was denn sonst ist mit dem Tempel des Göttlichen gemeint, außer dass er der Tempel des Lebens ist? Es gibt nur diese eine Bedeutung – es ist das Leben selbst. Und nur diejenigen können das Leben erlangen, die beständig die Vergangenheit abstreifen, die das loslassen, was abgestorben ist und die sich selbst verjüngen. Ein Sucher muss jeden Tag sterben, damit er jeden Tag frisch geboren werden kann.

An diesen drei Tagen des Camps ist also das erste Ziel: Stirb deiner Vergangenheit. Du bist nicht mehr da, von woher du gekommen bist. Keine deiner Verwandten sind hier, hier ist kein Dorf, keine Bevölkerung, kein Name, keine Kaste, keine Religion – das alles war einmal. Wo ist es denn jetzt? Wo ist es in deinem Innern? Wo sind diese Namen alle, diese Kasten, diese Verwandten? Wer ist innerlich reich, wer ist innerlich arm? Wer ist Hindu, wer ist Moslem?

Lass all das los, lass von all dem nicht einmal eine Spur in deinem Verstand zurück. Wenn du heute Nacht schläfst, stirb dieser Vergangenheit in jeder Hinsicht, sodass morgen früh ein neuer Mensch, ein neues Bewusstsein geboren wird – aus deinem tiefsten Innern heraus. Nur dieses Bewusstsein kann dir helfen, den Tempel des Lebens zu betreten. Nur dieses Bewusstsein kann dich befähigen, dich selbst zu erkennen, nur in diesem Bewusstsein wird die Wahrheit widergespiegelt, nirgendwo sonst.

Staubschichten über Staubschichten der Vergangenheit haben sich auf den Spiegel des menschlichen Verstandes abgelegt, und so kann die Wahrheit nicht mehr erkannt werden. Wen kann das noch überraschen! Wessen Fehler ist das denn?

Also als Erstes: Lerne zu sterben. Lerne jeden Tag zu sterben, jeden Moment. Wenn du die Kunst des Lebens lernen willst, dann musst du den Trick herausfinden, jeder Sekunde zu sterben.

Du kamst und hast mich beleidigt – Tage vergingen, du warst schon lange fort und es war lange her, dass die Beleidigung verklungen war. Aber ich höre immer noch die Beleidigung, du stehst immer noch vor mir. Monate sind vorbei, Jahre, von der Beleidigung ist keine Spur mehr vorhanden, nirgendwo. Wenn ich danach suchen würde, könnte ich vielleicht einen Hauch davon irgendwo finden, die Beleidigung aber ist nirgendwo zu finden. Wo ist dieser Mensch, wo ist dieser Moment, wo ist der Anlass dazu? Aber hier lebe ich diesen Anlass immer noch. Ein Jahr ist vorbei gegangen, aber ich bin immer noch genau da geblieben, wo ich beleidigt wurde.

Eines Morgens saß Buddha unter einem Baum ...

Ein Mann kam mit einer riesigen Wut, spuckte ihn an und beleidigte ihn so heftig wie er nur konnte.

Buddha wischte den Speichel von seinem Schal und sagte: „Mein Freund, was möchtest du sonst noch sagen?"

Der Mann muss schockiert gewesen sein. Er war als Feind gekommen und hatte niemals erwartet, dass der, den er als seinen Feind ansah, ihn als seinen Freund ansehen würde. Er war schockiert. Und er war schockiert, weil er gespuckt und nicht geredet hatte.

Aber Buddha fragte ihn: „Möchtest du noch etwas anderes sagen?"

Buddhas Schüler, Ananda, war voller Wut. Er sagte: „Meister, was sagst du da? Dieser krankhafte Idiot hat dich angespuckt und du fragst ihn, ob er noch etwas anderes zu sagen hätte?"

Buddha drehte sich von dem Mann weg und begann es Ananda zu erklären: „Ananda, du hast nichts verstanden. Er will mit Sicherheit etwas sagen, aber seine Wut ist zu groß, und da sind Worte zu klein. Er kann es nicht mit Worten sagen, also sagte er es durch Spucken. Jemand anderes ist so voller Liebe, dass er es durch eine Umarmung ausdrückt. Jemand ist so voller Wut, dass er es nicht mit Worten ausdrücken kann, also sagt er es durch Spucken. Ich habe das verstanden. Ich habe das Problem dieses Mannes verstanden.

Immer wenn ein Gefühl zu stark ist, dann wird Sprechen schwierig. Worte werden dann zu klein. Ich habe seine Schwierigkeit verstanden, sodass ich ihn gefragt habe: ‚Mein Freund, hast du sonst noch etwas zu sagen?'"

Was konnte der Mann sagen? Er ging fort. Er ging besiegt fort. Jemand, der als ein Feind zu jemandem geht, kann nur besiegt werden, wenn er den Feind dort nicht findet, anders kann er nicht besiegt werden. Er ging besiegt nach Hause zurück. Er konnte nicht schlafen, weil er die ganze Nacht dieses Erlebnis wieder und wieder vor sich sah: Wie er Buddha angespuckt hatte, wie Buddha seine Spucke weggewischt hatte und fragte: „Was hast du sonst noch zu sagen?" Buddhas Augen waren in seine Brust eingedrungen. Er konnte die ganze Nacht nicht schlafen. Am nächsten Morgen kam er angerannt. Buddha war von diesem Dorf weitergezogen – wo hat das Leben jemals pausiert? Es ist beständig in Bewegung. An diesem Tag saß er unter einem anderen Baum. Der Mann ging zu ihm hin und sagte: „Vergib mir, es tut mir leid, dass ich dich angespuckt habe."

Buddha sagte: „Es ist tot und es ist vorbei. So viel Wasser ist den Ganges hinuntergeflossen – und du bist da immer noch. Wo ist der Baum, unter dem du gespuckt hast? Wo sind die Sterne, die Zeugen davon waren? Wo sind all die Leute? Von woher hast du diese Sache mitgebracht? Was auch immer passiert ist, ist passiert. Wir sind weitergezogen. Du bist dort stehen geblieben. Aber wie kannst du stehen bleiben? Die Zeit ist weitergegangen, wie kannst du da stehen bleiben? Es ist vorbei."

Der Mann sagte: „Bitte löse die Sache nicht so auf – vielmehr vergib mir."

Buddha sagte: „Du hast gestern gespuckt, wie kann ich dir heute vergeben? Die Zeitspanne ist sehr lang geworden. Alles, was gestern geschehen musste, ist geschehen. Dir wurde gestern vergeben, in eben diesem Moment. Wenn ich dir nicht in genau diesem Moment vergeben hätte können, dann wäre dieser Moment nicht vorbei gegangen, dann müsste auch ich in ihm weiterleben, so wie du jetzt noch in ihm lebst. Die Geschichte ist vorbei. Du hast gespuckt, ich habe die Spucke fortgewischt. Hast du noch etwas zu sagen? Was war da noch? Du hast es schon vergessen. Du bist zu spät gekommen, jetzt gibt es kein Heilmittel mehr. Jetzt gibt es für alle Ewigkeit keinen Ausweg mehr. Was gewesen ist, ist gewesen. Wo gibt es nun die Notwendigkeit, sich daran noch zu erinnern?"

Dann sagte Buddha zu ihm: „Du hast keinen großen Fehler gemacht, dass du gespuckt hast. Die Menschen sind sehr hilflos. Solche Sachen passieren. Gefühle sind manchmal so stark, dass Worte nicht genügen. Dazu kann ich dir nichts weiter sagen, aber ich kann dir mit Sicherheit sagen, dass du dabei stehen geblieben bist. Das ist auf jeden Fall ein Fehler. Lass los davon!"

In China lebte ein Mystiker, Hui Hai. Er war in das Dorf gereist, in dem sein Meister lebte. Als er ihn gefunden hatte, fragte ihn sein Meister: „Wo kommst du her?"

Hui Hai sagte: „Ich komme aus Peking."

Der Meister fragte ihn: „Wie viel kostet der Reis dort?"

Hui Hai sagte: „Ich glaube, du bist nicht ganz bei Trost. Was der Reis kostet? Wenn ich eine Reise gemacht habe, dann ist diese Reise vorüber. Wenn ich über eine Brücke gehe, dann lasse ich diese Brücke hinter mir. Ich war in Peking, jetzt bin ich nicht mehr da. In Peking mag der Reis einen Preis haben, aber bin ich denn verrückt, dass ich den Preis, den der Reis kostet, mit mir hierher trage?"

Der Meister sagte: „Die Sache ist klar. Der Mann, auf den ich gewartet habe, ist gekommen. Ich frage jeden, woher er kommt. Der eine sagt aus Peking, der andere aus Shanghai, ein anderer von anderswo. Ich frage sie, was der Reis dort kostet und sie sagen mir den Preis. Dann sage ich ihnen, sie sollen wieder dorthin zurück gehen und den Preis fixieren, den der Reis kostet. Der Weg zu Gott ist ja schwer genug. Du bist der erste, der ärgerlich geworden ist, weil ich nach dem Preis gefragt habe, den der Reis kostet: ‚Mag sein, dass der Reis in Peking etwas kostet, aber ich habe Peking hinter mir gelassen. Ich trage den Preis, den der Reis kostet, doch nicht mit mir herum.'"

Aber jeder schleppt den Preis, den der Reis kostet, überall mit hin.

Diejenigen, die in dieses Camp mit dem Preis, den der Reis kostet, gekommen sind, die werden unverrichteter Dinge wieder zurückkehren. Sie werden von hier nichts mitnehmen können. Lasst den Preis los, den der Reis kostet. Sei es der aus Mumbai oder Poona, von Ahmedabad, Vadodara oder Peking, man muss den Reispreis hinter sich lassen. In diesem Reispreis ist alles beinhaltet. Alle Preise sind nur die Preise von Reis.

Sei diese drei Tage in deiner ganzen Totalität hier. Das Bemerkenswerte ist, dass du hier überhaupt nicht viel zu tun hast. Es geht nur um das Verständnis, um die Wahrnehmung deiner Wirklichkeit: Warum lebe ich in der Vergangenheit? Warum gehe ich in das, was gar nicht mehr ist? Allein diese Erkenntnis ist genug. Nur dieses Bewusstsein reicht schon. Allein dieses Bewusstsein wird zu einer Entschlossenheit führen, die Vergangenheit loszulassen. Kein Seil bindet dich, keine Kette hält dich gefangen, keine Vergangenheit blockiert dich. Und du brauchst kein Schwert, um dich zu befreien. Nein, nur dein Bewusstsein ist nötig, nichts als Wahrnehmung.

Versuch einfach nur das zu verstehen: „Warum bin ich an die Vergangenheit gebunden?“ – und du kannst von der Vergangenheit frei sein. Mach aus deinem Verstehen deine Entscheidung. Aus Verstehen wird Entscheidung. In dem Maße, wie sich dein Verstehen vertieft, wird es zu deiner Entscheidung. Gehe heute Nacht mit dieser Erkenntnis, mit diesem Entschluss schlafen: „Ich lasse von der Vergangenheit los, ich lasse sie fallen, ich lasse sie hinter mir.“

Du wirst drei Tage hier sein, und erinnere dich diese drei Tage immer daran, dem Verstand nicht zu erlauben, in die Vergangenheit zurückzufallen, und immer, wenn er es doch tut, erinnere dich einfach daran: „Was für ein Narr bin ich denn! Da geht der Verstand schon wieder rückwärts“ – und der Verstand wird dir folgen. Nur ein bisschen Bewusstsein und der Verstand kehrt in die Gegenwart zurück. Dann, und nur dann kann etwas passieren. Das ist das Erste.

Das Zweite ist: Der Verstand ist voller Vergangenheit, und wir sind fortwährend voller Worte, voller Gequassel, voller Gedanken.

Kein Mensch ist ruhig, nicht eine Sekunde lang; kein Mensch ist still, nicht einen Moment, und wenn wir einmal frei von Worten sind, dann werden wir nervös, wir kriegen Sorgen, wir kriegen Angst. Es ist die Gewohnheit des Verstandes, immerzu beschäftigt zu sein, es ist die Gewohnheit des Verstandes, immerzu etwas tun zu müssen, er braucht dieses oder jenes, egal welche Beschäftigung. Der Mind erträgt es nicht, unbeschäftigt zu sein.

Warum will er denn nicht leer sein? Weil er stirbt, sobald der Mind leer ist. Solange er beschäftigt bleibt, solange er was zu tun hat, solange existiert er. Dieses Beschäftigtsein, dieses Tätigsein ist das Leben des Verstandes. Und wir sind alle 24 Stunden beschäftigt, wir sind unnützerweise völlig beschäftigt. Wenn man den Leuten zeigen könnte, worüber sie alles reden, worüber sie nachdenken, womit sie sich dauernd beschäftigen von früh bis spät in die Nacht, dann wären sie sehr überrascht: zu all dem gab es überhaupt keine Notwendigkeit.

Darüber seid euch klar, wer auch immer Dinge tut, die in seinem Leben ohne Bedeutung sind, der wird nie die Dinge tun können, die für ihn wirklich notwendig sind. Diese beiden Dinge können nicht zur gleichen Zeit geschehen. Unnützes Reden und unnützes Denken lassen dich nicht zu essenzieller Wahrheit gelangen. Aber wir stehen am Morgen auf, und Aufstehen heißt Gequassel; wir fangen an zu reden. Das ist nicht das, was wir hier in diesem Meditationscamp tun. Wie könnte so was in einem Meditationscamp geschehen?

Also heute Nacht, und diese kommenden drei Tage: Wenn du schläfst, dann schlafe in absoluter Stille. Ab dem Zeitpunkt, wo du morgens aufstehst, sollte eine tiefe Stille vorherrschen. Wenn du irgendwie kannst, sprich überhaupt nicht. Ein dreitägiges Experiment dauert ja nicht so lange. Also wenn möglich, dann sprich diese drei Tage lang überhaupt nicht. Und die, die das drei Tage lang können, die dürften danach völlig still geworden sein. Einfach gar nicht reden, nur das bisschen, was unumgänglich ist. Man kann etwas mit Gesten ausdrücken, oder etwas aufschreiben. Wenn es unbedingt nötig ist, dann können ein oder zwei Worte genügen. Die, die dazu in der Lage sind, dürften völlig still geworden sein nach diesen drei Tagen. Wer sich nicht ganz so konsequent verhalten kann, sollte sich immer daran erinnern, nichts Überflüssiges zu reden. Aber ich halte niemanden der hier ist, für so schwach.

Jeder Mensch kann drei Tage lang in Stille sein. Schau dir hier einfach einmal an, was geschehen kann, wenn man still wird. Durch diesen kleinen Schlüssel kann so viel geschehen. Einfach still zu werden, das sieht eigentlich nach einer Kleinigkeit aus, aber was kann dadurch geschehen? Weißt du das? Der, den wir suchen, ist überall, er entfaltet sich in uns, aber wir sind nicht still genug, wir sind immerzu beschäftigt, wir sind uns seiner nicht bewusst.

Swami Ram hat immer wieder diese Geschichte erzählt …

Ein Liebhaber war in ein fernes Land gegangen. Seine Geliebte blieb zurück und wartete auf ihn. Viele Jahre gingen vorbei. Seine Briefe erzählten davon, dass er bald zurückkehren würde, sehr bald. Aber dieses Warten wurde sehr lange, und er kam nie zurück. Also sorgte sich die Geliebte. Sie reiste den ganzen langen Weg zu ihrem Geliebten. Sie ging an seine Tür, sie war offen, sie ging hinein. Der Geliebte schrieb etwas, und so setzte sie sich vor ihn, sah ihm zu und wartete bis er aufhören würde zu schreiben. Er schrieb einen Brief an sie, an seine einzige Geliebte. Er hatte so oft versprochen, zurückzukehren, und er hatte die Versprechungen gebrochen – niemals hatte er sie eingehalten, also bat er sie in vielfacher Weise, ihm zu vergeben. Er schrieb viele, viele zärtliche Worte, schrieb viele Liebeslieder und Gedichte, wie es Liebhaber eben tun. Er schrieb immer weiter, eine Seite, zwei, drei. Liebesbriefe sind nie zu Ende. Sie werden immer länger und länger. Er schrieb immer weiter, er merkte nicht einmal, wer vor ihm saß. Gegen Mitternacht kam der Brief irgendwie zu einem Ende. Er schaute auf und war wie versteinert: Er dachte, er würde vielleicht eine Geistererscheinung sehen, oder was auch immer. Wer saß denn da vor ihm? Es war seine Geliebte.

„Nein, nein, wie kann denn so etwas geschehen!“, rief er. „Wie kann es sein, dass du hier bist. Woher bist du denn gekommen?“

Seine Geliebte sagte: „Ich bin hier stundenlang gesessen und habe gewartet, bis du mit dem Schreiben zu Ende kommen würdest, damit du mich dann vielleicht sehen würdest."

Der Liebhaber schlug sich auf die Brust und rief: „Was für ein Narr bin ich, ich schreibe einen Brief an dich und weil ich an dich schreibe, kann ich dich nicht sehen – und du bist in Wirklichkeit vor mir. Die halbe Nacht ging vorüber und du warst die ganze Zeit hier vor mir."

Das Eigentliche, das Höchste, ist da, sogar noch näher als nah. Wer weiß, wovon jeder von uns dauernd redet. Wir wissen gar nicht, welche Briefe wir dauernd schreiben, welche Schriften wir dauernd lesen, oder welche Gedanken wir dauernd denken. Der eine sitzt mit der *Gita* geöffnet vor ihm, ein anderer mit dem Koran, wieder einer mit der Bibel, jemand wiederholt unablässig *Namo Arihantanam*, und ein anderer singt *Namo Shivaya.*

Niemand weiß, was all diese Leute tun oder dass derjenige, für den sie das alles tun, längst da ist, überall und die ganze Zeit über. Aber erst wenn sie sich die Zeit nehmen, können sie aufsehen – wenn sie ihre Beschäftigungen stoppen, erst dann kann das, was ist, gesehen werden.

Während dieser drei Tage lass also das Denken sein, und wenn du aufhörst zu denken, dann zuallererst: Hör auf zu reden. Lass so viel Stille zu wie möglich, unter diesen Zypressen. Diese Zypressen sollten nicht einmal merken, dass so viele Leute auf einmal hierhergekommen sind. Sie sollten am besten überhaupt nicht merken, dass hier Leute sind.

In diesen drei Tagen werdet ihr selber zu Zypressen. Wenn ihr neben ihnen sitzt, sitzt still, so still wie diese Bäume still sind, so still wie diese Sterne still sind, so still wie diese ganze Welt still ist. Es ist eine gewaltige Stille. Die Geräusche des Plapperns sind von den Menschen erfunden worden, und so hat der Mensch alles Leben und alle Musik vergiftet.

Das Zweite also, was ich für diese drei Tage möchte, ist Stille. Ich möchte, dass jeder hier absolut still wird. Das ist sehr wichtig. Wenn ein paar Dinge unausweichlich sind, dann teile sie schriftlich mit oder durch Gesten, wenn möglich. Wenn das nicht geht, dann sprich, aber rede im Telegrammstil, so als würdest du ein Telegramm verschicken, wo du dich darum bemühst, jeden Cent zu sparen. Kürze also dein Reden um jedes Wort, und dann noch um ein weiteres. Acht Worte sind genug. Früher war es offiziell erlaubt, nur zehn Worte zu senden, jetzt sind es nur noch acht. Man kann auch mit sechs oder fünf Worten auskommen. Kürze deine Sätze so sehr es nur irgend möglich ist. Benütze Worte überhaupt nur, wenn es nicht anders geht, alles was bleibt ist Wortlosigkeit, Stille.

Und dann schau, was in diesen drei Tagen geschehen kann.

Ich will nicht, dass ihr von hier mit leeren Händen zurückkehrt, dafür muss aber erst einiges geschehen. Ich möchte, dass ihr ein anderer Mensch seid, wenn ihr von hier heimkommt und ich bin absolut sicher, dass ihr dann, wenn ihr mit dem, was ich sage, experimentiert, – dass ihr dann nicht als derselbe nach Hause kommen müsst, der ihr mal gewesen seid. Ihr könnt als ein völlig transformierter, neuer Mensch heimkommen. Es liegt in deinen Händen.

Aber es ist nötig, dafür etwas zu tun, und dafür sage ich euch einige sehr einfache Dinge. Wenn ich euch gesagt hätte, drei Tage lang zu reden und nicht still zu sein, nicht einmal eine Sekunde lang, dann wäre es etwas schwierig gewesen; aber ich sage euch, ihr sollt schweigen. Das wird euch schwieriger erscheinen, weil das Reden ein ungesundes Ausmaß angenommen hat. Wir tun es, aber wir wissen nicht einmal was wir machen, wenn wir so viel reden, was wir überhaupt sagen.

Was für einen Zweck hat denn dieses endlose Reden? Nur weil wir nicht still sitzen und untätig sein können, nur deshalb tun wir irgend was. Der eine raucht, weil er nicht untätig sitzen kann, ein anderer redet, weil er nicht untätig sitzen kann. Unsere Lippen müssen sich bewegen, entweder wir rauchen oder wir reden. In den Ländern, in denen auch Frauen angefangen haben zu rauchen, haben sie weniger geredet, und in den Ländern, wo sie nicht rauchen dürfen, reden sie viel mehr als Männer. Es geht darum, dass sich die

Lippen bewegen müssen. Ob beim Rauchen oder beim Reden, die Lippen müssen sich bewegen.

Warum nur? Dieses übertriebene Bewegen der Lippen liegt am innerlich unruhigen Verstand. Der Verstand ist unmittelbar mit dem Sprechen verbunden, weil der Verstand nur durch Reden ausgedrückt werden kann. Der Verstand ist die innere Sprache, die Lippen sind der äußerliche Verstand. Der Verstand wird durch die Lippen ausgedrückt, und weil der Verstand so unruhig und gestört ist, deshalb bewegen sich die Lippen so viel. Tag ein Tag aus wollen sie sprechen, wollen sie etwas sagen.

Wenn die Störung weiter zunimmt, dann beginnen auch andere Körperteile sich zu bewegen. Ein Mann, der auf einem Stuhl sitzt, pendelt mit seinen Füßen hin und her. Wenn ihn jemand fragen würde: „Warum bewegen Sie Ihre Füße denn dauernd hin und her?“, dann würden seine Füße sofort stoppen und er würde einen ärgerlich anschauen. Er weiß selber nicht, warum er seine Füße dauernd hin und her bewegt. Jetzt ist es nicht mehr ausreichend, die Lippen hin und her zu bewegen, jetzt müssen die Hände, die Beine, andere Körperteile bewegt werden. Im Innern ist der Verstand so sehr in Unruhe.

Wenn man ein Bild von Buddha oder Mahavir sieht, dann ist eines offensichtlich: Man sieht einen unerschütterlichen Menschen, standhaft, so als gäbe es keine Bewegung in ihm. Alles in ihm ist ruhig geworden, still, ernst.

Ein Mann kam zu Buddha. Er saß direkt vor Buddha und sein einer Zeh bewegte sich hin und her. Buddha sprach von der Seele, von der universellen Seele.

Er hörte auf zu reden und sagte: „Irgendjemand hier verursacht Unruhe. Er bewegt dauernd seinen Zeh. Solange er damit nicht aufhört, so lange werde ich nicht weiterreden. Wenn er seinen Zeh dauernd hin und her bewegt, dann macht mein Reden keinen Sinn.“

Der Mann fragte: „Was? Wieso tut dir denn mein Zeh etwas?“

Buddha sagte: „Wenn du mir sagst, warum sich dein Zeh dauernd hin und her bewegt, dann werde ich weiterreden.“

Der Mann sagte: „Ich weiß nicht warum. Er zappelt einfach so.“

Buddha sagte: „Es ist dein Zeh und er zappelt einfach nur so? Das ist unglaublich. Wessen Zeh ist das? Ist das dein Zeh oder meiner?“

Der Mann sagte: „Es ist meiner.“

Buddha sagte: „Warum sagst du mir dann nicht, warum er zappelt? Und warum hat er jetzt damit aufgehört?“

Nein, wir wissen es nicht, aber innen drin ist der Verstand so sehr in Unruhe. Diese Unruhe breitet sich über den ganzen Körper aus. Zuerst erreicht sie die Lippen, denn die Lippen sind dem Verstand am nächsten. Dann breitet sie sich über den Rest des Körpers aus. Das Bewegen der Lippen, dieses unaufhörliche Bewegen der Lippen muss aufhören.

In diesen drei Tagen habe also Mitgefühl mit deinen Lippen und lass sie ruhen. Denk daran, das kann eine sehr überraschende Erfahrung werden, denn in dem Moment, in dem du still wirst, werden alle die Klänge der Natur und des Göttlichen um dich herum sehr deutlich hörbar werden. Wenn du still wirst, wirst du zum ersten Mal wirklich das Meeresrauschen hören, erst wenn du still wirst, kannst du überhaupt hören, was ich sage. Andernfalls würde das innerliche Auf und Ab weitergehen und ich würde im Grunde zu den Wänden reden.

Bodhidharma war ein großer Mystiker. Es hat nur sehr wenige große Mystiker auf der Welt gegeben, er war einer von ihnen. Wenn du zu ihm gegangen wärest, würde er immer nur mit dem Rücken zu dir sitzen. Er saß immer mit seinem Gesicht zur Wand und mit dem Rücken zu den Leuten. Sie waren sehr erbost und fragten ihn: „Was ist das denn für eine Unsitte? Wir sind zu dir gekommen und du sitzt mit dem Gesicht zur Wand und dem Rücken zu uns.“

Bodhidharma sagte: „Eines ist jedenfalls sicher: Ich hab kein Problem damit, die Wand anzuschauen. Wenn die Wand nicht zuhört, dann macht das nichts. Wenn ich aber zu euch hinschaue, dann gibt es ein Problem. Ich rede und rede und ihr hört einfach nicht zu. Ihr seid auch eine Wand und für den Fall, dass ich mich darüber ärgere, schaue ich lieber gleich die Wand an. Über die Wand brauche ich mich nicht zu ärgern. Eine Wand ist eine Wand. Wenn sie nicht zuhört, dann ist das okay. Aber ihr seid Menschen, und ihr hört auch nicht zu. Deshalb wende ich euch meinen Rücken zu."

Nur wenn ihr still seid, seid ihr in der Lage, das, was ich sage, oder das, was das Leben zu euch sagt, überhaupt erst zu hören.

Das zweite sehr Wichtige ist also, in dem Moment, wo ihr von diesem Meeting weggeht, muss eine totale Stille vorherrschen. Sei drei Tage lang mutig und experimentiere diese drei Tage lang. In diesen drei Tagen wirst du nichts verlieren, nur weil du in Stille bist. Was könntest du auch verlieren? Und hilf auch den anderen, ebenfalls in Stille zu sein. Aber wir sind so komische Wesen, wie es sonst keine auf dieser Welt gibt – wenn einer still wird, dann sagen vier andere: „So so, du bist in Stille gegangen, du hast es also geschafft." Und ein paar andere werden zu ihm sagen: „Großartig! Da bist du also und tust so, als wärst du ein großer Meditierer und als wärst du in Stille!" So dumm sind wir. Für unsere Narrheiten gibt es einfach keine Grenze. Wir legen immerzu jemandem, der in die richtige Richtung geht, Hindernisse in den Weg.

Nein, ihr müsst still werden, und ihr müsst es für die anderen leicht machen, ebenfalls still zu werden. Und ihr müsst aufpassen, dass ihr nicht die Stille der anderen stört. In diesen drei Tagen müsst ihr sehr, sehr ernsthaft experimentieren, so still zu werden, dass ihr nur noch Stille seid und nichts anderes. Nur dann werdet ihr überhaupt in der Lage sein, die Dinge, die ich am Morgen sage, erst zu hören. Nur dann werdet ihr diese Dinge nutzen können, wenn sie von Stille umgeben sind, ansonsten können sie nicht von Nutzen sein. Das ist das Zweite.

Das Dritte ist: Ab morgen, besser direkt ab heute, noch besser von genau jetzt an – schaust du mit deinen Augen immer genau auf die Nasenspitze. Du musst dabei die Augen nicht komplett geöffnet haben. Die Augen sollten nur so weit geöffnet sein, dass du gerade die Nasenspitze siehst. Und wenn du auf einem Weg läufst, solltest du die Augen nur so weit geöffnet haben, dass du vier Schritte vor dir siehst. Nur so weit sollen die Augen geöffnet sein, dass man die Nasenspitze sieht. Wenn die Augen nur so weit geöffnet sind, dann breitet sich im Verstand ein unglaublicher Frieden aus.

Was ich von den Lippen gesagt habe, dass sie in einer engen Verbindung zum Verstand stehen, das trifft auch auf die Augen zu. Wenn die Augen dauerhaft blicken, und dabei all das Überflüssige unserer Umgebung aussparen, dann entspannt das ungeheure Netzwerk, das die Neuigkeiten in diesem Sinnesorgan verarbeiten muss, und das ist auch mit dem Verstand verbunden.

In diesem Camp brauchst du deine Augen nicht komplett offenzuhalten. Die Augen müssen nur so weit offen sein, dass die Nase gesehen wird – also halboffen. In diesen drei Tagen – während du läufst, sitzt, isst – brauchst du die Augen nur zur Hälfte öffnen, dass du nur die Nasenspitze siehst. Und du wirst überrascht sein, du wirst begeistert sein, was nun durch dieses kleine Experiment innerhalb deines Verstandes passieren kann. Das Auge ist die Quelle unserer psychologischen Seite. Durch die Augen kommen die wesentlichen Einflüsse des Lebens in unser Sein, stören die Nerven des Gehirns und machen es entsprechend angespannt. Wenn das Auge halbgeöffnet ist, bleibt es entspannt und verkrampft nicht. Wenn es nur halb geöffnet ist, wirst du merken, dass dein Verstand völlig entspannen kann, er wird locker. So wird der Verstand innerlich völlig ruhig.

Also musst du jetzt, unmittelbar nach diesem Meeting, daran denken, die Augen nur etwas geöffnet zu halten, aber ab morgen Nachmittag werden sich deine Augen daran erinnert haben und werden halboffen bleiben. Beim Laufen, Aufstehen, Sitzen, Essen hältst du die Augen nur halboffen. Auch das wird deine Stille unterstützen. In allen Situationen werden die Augen nur halb offen bleiben. Die Augenlider sind für die meisten unserer Verspannungen verantwortlich, und je weiter die Augenlider offen sind, desto mehr verspannt sich der Verstand, und in diesem Zustand der Verspannung läuft dann viel falsch.

Hast du die Politiker auf ihren Podien reden gesehen? Dann wirst du festgestellt haben, dass Pandit Nehrus Podium sehr weit oben stand. Weißt du, was der Grund dafür ist, dass man so eine hohe Bühne aufbaut? Vielleicht weißt du das nicht. Dadurch müssen deine Augen vollkommen offen bleiben. Sie müssen nach oben schauen und bleiben so angespannt. Auch Hitler benützte ein Podium, das so weit oben war. Alle großen Politiker benützen solche Podien, die so weit oben stehen. Dafür gibt es einen psychologischen Grund.

Der Grund liegt darin, dass je weiter das Auge gestreckt ist, desto mehr wird der Verstand gestresst. Und je mehr das Auge nach oben sieht, desto schwächer wird dein Denken. Dadurch kommst du in einen hypnotischen Zustand. Wenn die Augen fünf Minuten lang offen sind und du so lange nach oben schaust, dann werden alle Augennerven angespannt, das Denken hört auf und du verlierst deine Verstandesfähigkeiten. Der Mensch kommt in einen hypnotischen Schlafzustand. In diesem Zustand wird er alles glauben, was man zu ihm sagt. Deshalb sprechen die Politiker auf dieser Welt alle von möglichst hohen Tribünen, damit du alles glaubst, was auch immer sie sagen.

Hitler hatte nur auf seinem Podium Licht. Viele 1000-Watt-Birnen von allen Seiten, aber im gesamten Zuschauerraum nur Dunkelheit, sodass kein einziger Punkt im Raum auch nur ein einziges Auge von seiner Erscheinung ablenken konnte. Nur Hitler sollte sichtbar sein, mit einem leuchtenden Licht auf seinem Gesicht. Eine Stunde lang sollte nur er gesehen werden, auf einem hohen Podium, sodass alle Augen starr blickten. Und auf diese Weise glaubten die Menschen alles, was er sagte.

Diese Starrheit wird zu einem suggestiven Eindruck im Auge. Je entspannter die Augen sind, je ruhiger, je gelöster, halbgeöffnet, desto mehr wirst du in einem Zustand der Bewusstheit sein. Je weiter offen die Augen sind, je schneller sie geöffnet werden, desto leichter ist es, dich im Unbewussten zu manipulieren. Man kann dich unbewusst machen. Wenn du Hypnotiker beobachtet hast, Magnetiseure, dann weißt du, dass sie einen auffordern, mit weit geöffneten Augen in ihre Augen zu blicken. Innerhalb von fünf Minuten fällst du dann in einen unbewussten Zustand, weil das weite Öffnen der Augen so einen starken Stress für deine Augen verursacht, dass der Verstand nicht bewusst bleiben kann. Wegen einem zu hohen Maß an Anspannung wird der Verstand gefühllos, er fällt in einen tiefen Schlaf.

Deshalb zünden Leute Kerzen an, wenn sie meditieren, aber das hat mit Meditation nichts zu tun. Das sind lediglich Methoden, sich in den Schlaf zu bringen; das sind nur Beruhigungstechniken.

Nein, Meditation passiert immer mit halbgeöffneten Augen, denn halb geöffnet ist der friedlichste, wachste, und bewussteste Zustand für die Augen. Wenn du also experimentierst, dann wirst du feststellen, dass sobald die Augen halb geöffnet sind und auf die Nasenspitze gerichtet sind, dass du plötzlich einen Ernst spürst, wie einen kühlen Wasserfall in dir, dass sich etwas in deinem Kopf entspannt, eine Art Verkrampfung sich löst, als wäre ein Wolke weggezogen, eine Last gewichen. Gleichzeitig spürst du, dass eine neue Art des Bewusstseins, der Wachheit, des Verständnisses entsteht. Du spürst, dass sich eine höhere Bewusstheit in dir ausbreitet.

Wir werden dieses Experiment machen – das Experiment der halbgeöffneten Augen – in einer Meditation, und zwar schon heute Abend. Wir werden das auch in der Morgenmeditation tun, aber du selber kannst das auch tagsüber machen, wann immer du Zeit hast. Das wird sehr effektiv sein in diesen drei Tagen. Geh allein ans Meer, laufe zügig, atme tief, und richte deine Augen auf deine Nasenspitze. In nur einer Stunde wirst du einen so tiefen Frieden gefunden haben wie nie zuvor, eine so hohe Wachheit, wie du sie noch nie erfahren hast. Du wirst erleben, wie sich eine neue Art der Bewusstheit in dir öffnet.

Jeder Sucher wird also jeden Tag mindestens zwei Stunden lang ans Meer gehen und dabei zügig laufen. Das wird seine aktive Meditation sein. Die passive Meditation werden wir hier an diesem Platz gemeinsam machen. Hier werden wir zweimal meditieren, morgens und nachts – in einer entspannten, friedvollen Art und Weise.

Dann, am Morgen oder am Nachmittag, wann immer es dir möglich ist, kannst du eine Stunde lang schnell laufen, als aktive Meditation.

Ich will diese drei Tage zu intensiven Tagen der Meditation machen, damit wir mit Erfolg selbst die tiefsten Schichten erreichen – in den ganzen 24 Stunden.

Die drei Dinge, über die ich hier gesprochen habe, sind die Voraussetzungen für alles Weitere. In den folgenden drei Tagen möchte ich nämlich über die vier Elemente der Meditation sprechen.

Morgen früh über Mitgefühl, dann über Freundlichkeit, dann über Heiterkeit, und schließlich über Gleichmut. Diese vier Elemente sind für die Meditation äußerst wichtig. Sobald diese vier Elemente im Wesen eines Menschen verankert sind, kann dieser mit einer solchen Unmittelbarkeit Meditation in sich aufnehmen, wie eine Sternschnuppe der Erde entgegen fällt. Sternschnuppen fallen mit einer ungeheueren Geschwindigkeit Richtung Erde. Die Erdanziehung beschleunigt sie. Sie schießen pfeilschnell auf die Erde zu. In dem Moment, in dem diese vier Elemente im Leben eines Menschen gereift sind, schießt sein ganzes Wesen auf Gott zu wie ein Meteor. Gottes Magnetismus zieht ihn dann an, wie die Erde eine Sternschnuppe.

Wir kennen die Gravitation der Erde. Es gibt aber eine weitere Gravitation, die Gravitation der Göttlichkeit. Um in diese einzutreten, werde ich in den kommenden drei Tagen über jene vier Elemente der Meditation sprechen. Diese können aber nur von denen verstanden werden, die experimentieren und die diese drei Dinge praktizieren, von denen ich soeben gesprochen habe – und ich habe euch ja nur deshalb gerufen, damit ihr hier aktiv werdet.

Jetzt wollen wir uns zur Nachtmeditation niederlassen. Davor muss ich euch aber noch ein paar weitere Informationen geben, und das will ich jetzt tun.

Von zwei bis drei Uhr am Nachmittag ist die Zeit, wo ihr mich treffen könnt. Um welche Art des Treffens es sich dabei handelt, muss näher erläutert werden. Du musst nicht zu mir kommen, um Fragen zu stellen. Alle Fragen, die ihr vielleicht an mich habt, werde ich in unserem nächtlichen Meeting beantworten, dort könnt ihr alles fragen was ihr wollt. Wenn ihr mich aus einem anderen Grund sehen möchtet, dann könnt ihr mich da in dieser Stunde von zwei bis drei Uhr treffen. Wenn jemand zu mir kommen möchte, einfach nur um mit mir ein paar Momente lang zu sitzen, dann ist er hier willkommen. Viele Freunde möchten einfach mit mir sitzen, also kommen sie, meinen aber, sie müssten eine Frage stellen - warum sonst sollten sie denn auch kommen? Also fragen sie mich einfach irgendetwas. An ihren Fragen merke ich, dass sie eigentlich gar nichts zu fragen haben. Der Grund für ihre Fragen liegt nur darin, dass sie kommen, um mit mir zu sein. Also lasst es, unnötige Fragen zu stellen.

Wenn du kommen möchtest, um mit mir in Stille zu sitzen, dann komm und sitze mit mir ein paar Minuten in Stille. Das ist weitaus wichtiger und wertvoller, als es eure Fragen und meine Antworten sind. Aus den Dörfern kommen täglich Freunde. Einer hält einfach meine Hand für ein paar Sekunden und weint ein bisschen, und ich weiß, dass das einen großen spirituellen Wert hat, dass es bedeutsam ist. Aber die Menschen haben sogar den Mut dafür verloren. Niemand hat den Mut mehr zu weinen, zu lieben, jemanden zu umarmen, niemand hat den Mut mehr, die Hand von jemandem zu halten. In dieser einen Stunde sollten also nur die kommen, die eine intime Beziehung mit mir haben möchten. Wer eine Frage zu stellen hat, der sollte sie schriftlich abgeben. Die wird dann im Abenddiskurs beantwortet werden.

Von zwei bis drei werde ich also zu euch kommen. Und dann, von drei bis vier werden wir hier im Zypressenwald in Stille sitzen, wir alle zusammen. Jeder von euch wird den ganzen Tag in Stille sein, aber in dieser einen Stunde werdet ihr mit mir in Stille sein. Ich spreche jeden Tage zu euch. Es gibt Dinge, die man in Worten ausdrücken kann, aber es gibt manches, das man nur durch Stille vermitteln kann. Dieser Diskurs in Stille, der wird in dieser Stunde stattfinden. Ich werde euch auch da etwas mitteilen. Du wirst zuhören, aber Worte werden da nicht benützt werden. Je tiefer ihr in Stille seid und in eurer Aufnahmebereitschaft, desto unmittelbarer werdet ihr einen Kontakt zu mir herstellen können.

Das letzte Mal, als wir eine Stunde lang in Stille saßen, hatten viele Leute das Bedürfnis, zu mir zu kommen und sie kamen. Aber jetzt, wo es eine spezielle Stunde gibt, um mich zu treffen, soll niemand zu mir kommen, um mit Stillsitzen zu experimentieren. Jeder, der mir begegnen möchte, soll am nächsten Tag um zwei Uhr kommen. Da werden wir dann alle zusammen sitzen. Niemand wird kommen, um mich zu sehen, wir werden einfach in Stille miteinander sitzen. In diesem Zusammensein in Stille lasst ihr dann alles geschehen, was geschieht. Wenn Tränen aus euren Augen fließen, lasst sie fließen. Was auch geschehen mag, lasst es geschehen. Lass dich einfach gehen, lass los! Den ganzen Tag wirst du in Stille sein. Dann werde ich mit euch eine Stunde lang sein, und in dieser einen Stunde am Nachmittag werden wir dann in Stille sein. In der Nacht dann werden eure Fragen beantwortet werden, aber denkt daran, ich werde nicht alle eure Fragen beantworten. Ich werde nur auf die antworten, die mit dem in Verbindung stehen, wovon ich spreche. Die Fragen sollten sich nur darauf beziehen, sodass sie euch in eurer Meditation unterstützen. Also bringe keine unnützen Fragen, etwa metaphysischen Inhalts. Über die rede ich in allen Dörfern.

Wenn ihr also unnütze Fragen stellen wollt, dann kommt zu mir, wenn ich in euren Dörfern vorbeikomme. In diesen drei Tagen hier wollen wir jede einzelne Sekunde nur für Meditation verwenden. Insofern werden nur die Freunde Fragen stellen, die etwas im Zusammenhang mit

Meditation oder bezüglich der Meditationspraxis fragen wollen. Und fragt nur von den Fragestellungen aus, die ich hier entwickelt habe: wie ihr euch zu verhalten habt und was für Schwierigkeiten sich für euch dabei vielleicht ergeben haben.

Wir werden jetzt mit der Nachtmeditation beginnen. Dabei müsst ihr zwei Dinge verstehen. Wie ich schon gesagt habe, lasst uns in ein wenig Abstand zueinander sitzen, niemand sollte jemanden anderen berühren. Hört euch erst meine Erklärung dazu an, erst dann werden wir unsere Plätze einnehmen. Niemand sollte jemand anderen berühren. Die Vorstellung, dass überhaupt jemand anderer da ist, kann fallengelassen werden, sodass wir allein sein können, dass wir uns fühlen können, als wären wir allein hier.

Haltet die Augen halb offen, ihr habt ja verstanden warum, nur eure Nasenspitze solltet ihr sehen. Das Augenlid sollte nur so weit angehoben sein, dass das Auge nicht ganz offen ist - das Auge ist weder völlig geöffnet noch völlig geschlossen. Mit halbgeöffneten Augen sitzt du ganz in Stille, ohne irgendeine körperliche Anspannung. Alles Licht wird gelöscht sein, sodass das göttliche Licht dich von oben erreichen kann. Das Licht, das die Menschen erfunden haben, ist sehr schwach, aber trotzdem ist es so stark, dass es das göttliche Licht verdrängt. Das Mondlicht ist nicht mehr sichtbar, sobald eine Glühbirne an ist. Gegenwärtig scheint der Mond nicht, aber alles elektrische Licht wird gelöscht, sobald sich das Mondlicht über uns ergießen wird und wir dann mit dem Mond und den Zypressen eins sein können. Dann sitze still, mit halboffenen Augen, manchmal werde ich dich ein wenig führen.

Zum ersten: Dein Körper entspannt sich, lass deinen Körper so locker, als wäre kein Leben in ihm. Dann schlage ich dir vor, entspannt zu atmen. Erlaube es deinem Atem, ganz langsam zu werden, lass ihn kommen wie von selbst und lass ihn wieder gehen wie von selbst. Du atmest den Atem nicht, lass ihn ganz locker von selbst kommen. Er wird Schritt für Schritt immer langsamer.

Dann mach ich dir den dritten Vorschlag: Dein Verstand wird still, lass den Verstand sich entspannen, er wird Schritt für Schritt friedlich. Dann werde ich dir noch sagen: „Jetzt sitze zehn Minuten lang in Stille. Was wirst du in dieser Stille dann tun? Was wird passieren? Sobald der Verstand still wird, wirst du mehr und mehr jede Menge Klänge um dich herum wahrnehmen: das weit entfernte Rauschen der Brandung des Ozeans, dann bewegt der Wind die Zypressen, ein Vogel ruft, ein Kind weint, ein Hund bellt. Überall um uns herum spricht die Existenz. Du wirst das alles hören. Und die ganze Zeit wirst du all diese Musik hören. Und in dem Maße wie du sie hörst wird in dir eine tiefe Stille entstehen. Wenn du von hier wieder weggehst, wird kein Reden sein. Gehe langsam ins Bett schlafen und bleibe dir bewusst, dass wir jetzt in die Stille eingetreten sind. Diese Meditation jetzt ist der Anfang davon. In unserer letzten Meditation werde ich dir sagen, dass du das dann loslassen sollst, aber bis dahin haben wir jetzt eine Reise der Stille angetreten.

Lasst uns jetzt mit Abstand voneinander sitzen. Niemand sollte jemand anderen berühren. Ich gehe also jetzt davon aus, dass ihr so sitzt, dass niemand jemand anderen berührt. Lass deinen Körper in völliger Entspannung sein. Deine Augen sind halbgeöffnet und du siehst nur noch deine Nasenspitze. Sitzt ihr alle? Jetzt werde ich euch etwas anleiten.

Der Körper entspannt sich, lass los, erlaube allen deinen Körperteilen so locker zu sein, als wäre kein Leben mehr in ihnen. Der Körper entspannt sich ... der Körper entspannt sich ... entspannt sich ... der Körper ist völlig entspannt geworden ... der Körper ist entspannt geworden... der Körper ist entspannt geworden ... der Körper ist entspannt geworden ... der Atem wird ruhig ... erlaube, dem Atem langsam ein und aus zu gehen nach seinem eigenen Rhythmus ... der Atem wird ruhig ... der Atem ist auch entspannt geworden.

Der Mind beruhigt sich, lass den Mind von innen her los, lass ihn fallen, der Mind wird ruhig ... der Mind wird ruhiger ... der Mind wird vollständig ruhig ... der Mind ist vollständig ruhig geworden.

Der Mind ist vollständig still geworden, er ist vollständig still geworden. Zehn Minuten lang ist alles still geworden. Alles ist still geworden.

Höre. Lausche ganz losgelöst in die Stille der Nacht, die wehende Luft, das Rollen der Brandung. Bleibe in diesem Lauschen. So wie du weiter all diese Töne hörst, in dem Maße wird dein Verstand vollständig still und leer. Und in dem Maße wie du horchst wird dein Verstand langsam immer ruhiger und ruhiger und leer. Sitze zehn Minuten lang still und lausche. Der Verstand ist friedlich geworden ... der Verstand ist friedlich geworden... der Verstand ist völlig friedlich geworden.

Horche in die Stille der Nacht, horche in die Stille der Nacht, horche weiterhin still und friedlich. In dem Maße, wie du weiterhin horchst, wird der Mind völlig leer, und in dem Maße wie du horchst, so wie du horchst, verschwindest du. Nur noch das Mondlicht bleibt übrig, nur noch der Wald bleibt übrig, nur noch Leere, der Mind wird leer. Der Verstand ist völlig leer geworden. Der Mind wird vollständig leer.

Lausche weiterhin den Klängen der Nacht. Die Augen bleiben halb offen, der Verstand wird mehr und mehr leer. So wird langsam eine völlig neue Welt erfahren werden. Alles ist leer geworden, die Augen bleiben halboffen, der Verstand wird noch leerer, bleibe im Horchen, der Verstand wird weiterhin immer stiller. Der Verstand wird leer... der Verstand wird leer. Die Augen bleiben halb offen, der Verstand ist vollkommen leer geworden.

Du bist nicht mehr, nur die Nacht ist noch, nur das Mondlicht. Du bist nicht mehr da. Der Verstand ist vollkommen leer. Und jetzt, jetzt öffne ganz langsam deine Augen, öffne sie ganz, ganz langsam wieder ganz. Mache einige tiefe Atemzüge, atme ganz langsam wieder in vollen Zügen.

Unsere Nachtsitzung ist vorüber. Steht langsam auf, und verlasst diesen Platz ohne zu reden.

Kapitel 2

Mitgefühl – sich verströmende Liebe

Gestern habe ich zu euch von den Stufen geredet, die zum göttlichen Tempel führen. Und so wie es Stufen zu diesem Tempel hinauf gibt, gibt es auch Tore, die in diesen Tempel hineinführen.

Heute wollen wir über das erste Tor sprechen. Das wird euch klarer werden, wenn ihr nicht nur zuhört, sondern damit auch eigene Erfahrungen verbindet. Ihr braucht nicht auf später warten, um diese Erfahrungen zu machen; das kann nämlich sogar während ihr mir zuhört geschehen. Während ich rede kann der Zusammenhang zu dem, worüber ich rede, unmittelbar erfahren werden.

Das erste Tor in den Tempel des Göttlichen ist Mitgefühl. Die Menschen haben keinen Bezug mehr zu Mitgefühl. Diejenigen, denen Mitgefühl nichts bedeutet, mögen in den Himalaya gehen, um Göttlichkeit zu suchen, mögen sich in einsamen Höhlen verbergen, aber sie werden nie irgendeine Verbindung mit dem Höchsten realisieren können.

Um die höchste Vollkommenheit zu erreichen, müssen wir mit den tiefsten Tiefen des Mitgefühls in Kontakt kommen, aber wir sind alle hart und unbeugsam geworden. Der Mensch ist zu einem Stein, zu einem Felsen geworden. Selbst Steine sind nicht so hart wie die Menschen hart geworden sind. Ihr braucht nur in die Gesellschaft schauen, dann habt ihr genug Beweise, wovon ich rede. Wenn die Menschen nicht so hartherzig wären, dann wäre so eine hässliche, schmutzige, elende Gesellschaft wie sie existiert nicht denkbar.

Bereits von Geburt an – und bis in den Tod – ist das Leben ein Leben der Gewalt, der Grausamkeit, der Quälerei, voller Stacheln, die noch bis in die allerletzten Winkel verstreut sind. Mag sein, dass sich die Gefühllosigkeit so tief in uns verwurzelt hat, dass uns das gar nicht mehr bewusst ist, wir nehmen das schon gar nicht mehr wahr. Unsere ganze Persönlichkeit ist von oben bis unten davon durchdrungen. Alle Aspekte unseres Lebens – wie wir stehen, wie wir gehen, was wir denken, was wir sehen – ist unsinnlich geworden. Aber das Tor in den Tempel des Göttlichen ist Mitgefühl, und nur wer in der Lage ist, die Gefühllosigkeit seines Lebens zu überwinden – wer wieder schmelzen können wird, wer sich wieder dem Mitgefühl hingeben können wird –, nur der wird die Wahrheit, die Unsterblichkeit, nur so jemand wird in den göttlichen Tempel gelangen können.

Was verstehe ich unter Mitgefühl, was unter Hartherzigkeit? Wenn ich davon rede, dass die Menschen hart geworden sind, dann meine bloß nicht, ich würde von anderen Menschen reden. Nur dann wirst du überhaupt in der Lage sein, dich mit mir zu erweitern. Prüfe dich, ob du selber hartherzig geworden bist, andernfalls nämlich läuft es darauf hinaus, dass die Leute hartherzig geworden sind. Wir schließen uns aus, wir trennen uns von den andern ab und dann ist es so, dass die andern hartherzig geworden sind. Und dann hat so ein Satz keine Bedeutung mehr. Ein Sucher muss immer bei sich selber anfangen: „Sind die Menschen hart geworden, oder bin ich selber hart geworden?“ Ein flüchtiger Blick auf dein eigenes Leben, und schon braucht es niemand mehr, dir zu sagen, wie hartherzig du geworden bist.

Henry Thoreau, der in Amerika lebte, war ein erstaunlicher Mensch. Einmal kam jemand zu ihm zu Besuch. Thoreau nahm die Hand seines Besuchers sehr gefühlvoll in die seine, dann ließ er sie sehr traurig wieder los und schloss seine Augen. Der Mann war sehr verblüfft.

Er fragte: „Was ist los mit Ihnen? Sie nahmen meine Hand so liebevoll, aber warum haben sie sie dann so losgelassen? Was ist Ihnen denn geschehen?“

Aber Thoreau fing an zu weinen. Der Mann schüttelte ihn. Thoreau öffnete seine Augen und sagte: „Sie verstehen nicht, was passiert ist. Als ich Ihre Hand in die meine genommen hatte, hatte ich nicht das Gefühl, dass ich die Hand eines lebendigen Menschen in meiner Hand hatte. Ich hatte das Gefühl, dass ich die Hand einer Leiche hielt. Ich hatte das Gefühl, als hätte ich den trockenen Ast eines Baums in meiner Hand. Da war weder Liebe noch Mitgefühl, weder Freundlichkeit noch Sympathie zu spüren. Da gab es weder Begeisterung noch Lebensfreude. Das war eine leblose Hand."

Ist deine Hand auch so tot geworden, dass kein Leben mehr in ihr fließt, keine Lebensfreude, keine Sympathie mehr? Wir machen uns darüber keine Gedanken, wir überlegen auch nicht, was mit unseren Händen, was mit unseren Augen passiert ist. Wir stehen, sitzen, laufen, aber ohne Lebensfreude, die aus unserem Sein fließt. Uns umgibt keine Aura der Liebe, kein Duft unseres Seins strahlt um uns her.

Diese Hartherzigkeit hat sehr viele verschiedene Ebenen. Wie schauen wir auf andere? Wie betrachten wir andere? Wie sprechen wir zu anderen? Wie sprechen wir nicht? Wie verhalten wir uns? Wie ist unsere Lebensweise? Ist in unserem Wesen Mitgefühl?

Ich rede nicht über irgendwelche Leuten. Ich sage das nicht über die Menschheit. Ich sage das über einen jeden von uns, über dich und über mich. Es ist wichtig, dich auf dich selbst zu beziehen und deinen eigenen Lebenslauf in den Blick zu nehmen, ob jemals Mitgefühl in dein Leben gekommen ist, ob du jemals aus Liebe geschmolzen bist und ob du jemals von Liebe überwältigt worden bist. Ist es jemals passiert, dass der kompakte Fels deines Egos zusammengebrochen ist? Ist es jemals passiert, dass deine Angst weggeschwemmt wurde? Ist es jemals passiert, dass du dich in einem besonderen Moment völlig aufgelöst hast, du hast nichts zurückgehalten, du hast rückhaltlos alles von dir gezeigt? Nein, das ist nicht passiert, denn sonst hättest du Göttlichkeit längst erlangt. Sie wird in dem Moment erreicht, wo man bereit ist, sich mit ganzem Herzen hinzugeben, wo man bereits ist, sich aus Mitgefühl davontragen zu lassen. Mitgefühl, das ist der lebendige Fluss der Liebe.

Was wir Liebe nennen ist stagnierende Liebe. Sie ist nur auf eine Person fixiert und bleibt so blockiert, und wenn Liebe auf einen

Menschen fixiert wird, ist sie nicht mehr von Mitgefühl getragen, ist sie nicht mehr lebendig, sie wird gewalttätig. Wer nur eine einzige Person liebt, wird ohne es zu merken dem Rest der Welt gegenüber lieblos. Wie geht das, du liebst eine Person, und dem Rest dieser grenzenlosen Welt gegenüber bist du lieblos? Geht das? Nein, dann wird die Liebe dieser einen Person gegenüber ebenfalls künstlich. Diejenigen, die dieser unendlichen Welt gegenüber keine Liebe empfinden, wie können die Liebe empfinden einer einzigen Person gegenüber?

Eine Blume blüht am Wegrand, und sagt: „Mein Duft ist nur für einen Menschen und nicht für irgendjemand anderen. Nur einer einzigen Person wird mein Duft gehören, wenn sie hier vorbeikommt, und in diesem Moment werde ich im Wind tanzen, aber nicht für jeden." Eine Blume, die so abweisend für jedermann ist, meint ihr, sie wird in der Lage sein zu tanzen und zu singen und ihren Duft auszubreiten, wenn diese Person, auf die sie wartet, vorbeikommt? So vielen Menschen gegenüber ist sie so hart und abweisend gewesen, und so rigoros wird sie auch insgesamt geworden sein, selbst wenn die Person, von der sie meinte, sie würde sie lieben, dann kommt und vor ihr steht. Die Angewohnheit, abweisend zu sein, wird so stark geworden sein, dass selbst für diese Person die Liebe dann nicht mehr fließt.

Mitgefühl meint Liebe für das Ganze. Mitgefühl meint, die Liebe ist nicht irgendwo gebunden, sie ist im Flow. Wo immer irgendetwas den Fluss der Liebe blockiert, sammelt sich Schutt an. Unsere Liebe ist vergiftet worden, weil sie gezähmte Liebe geworden ist. Sie hört an einem bestimmten Punkt auf, sie bleibt nicht in beständigem Fluss. Und dann sammelt sich Schlamm und Blätter auf ihr an, und so stinkt sie und stirbt dann. Was auch immer subtil und kostbar im Leben ist bleibt nur dann lebendig, wenn es im Flow ist. In dem Moment, wo es blockiert wird, verkümmert es und stirbt ab.

Unsere Liebe hat aufgehört zu fließen. Denkt daran, eine stagnierende Liebe ist nur eine Täuschung, eine stagnierende Liebe ist überhaupt keine Liebe. Die Mutter sagt zum Sohn: „Ich liebe dich," der

Ehemann sagt zur Ehefrau: „Ich liebe dich." Aber niemand liebt irgend jemanden. Liebe kann nie und nimmer eingesperrt sein. Das ist genauso unmöglich, als würde man Sonnenlicht in ein Haus einsperren wollen.

Die Energie der Liebe ist kraftvoller als die der Sonne. Wie könnte man sie in einem kleinen Haus einsperren? Die Ausstrahlung der Liebe ist leuchtender als die der Sonne, und viel reichhaltiger. Wie kann diese Liebe in irgendeinem Haus eingesperrt werden? Ja, das kann geschehen, aber nur unter der Bedingung, dass sie frei über die ganze Erde ausstrahlen kann. Die Sonne strahlt in deinen Hof nur unter der Bedingung, dass sie überall in jeden Hof strahlen kann. Wenn irgendwann ein Narr versuchen würde, die Sonne auf seinen Hof zu begrenzen, dann würde die Sonne die Fähigkeit, in einen Hof zu scheinen, verlieren und sein Hof würde dann ebenfalls dunkel bleiben.

Aus Geiz haben wir alle die Liebe eingesperrt, aber es ist eine Täuschung, dass wir, obwohl wir Liebe eingrenzen, dann mehr davon hätten. In dem Moment, wo die Liebe eingesperrt wird, stirbt sie. Dann kannst du überhaupt keine Liebe mehr haben. Je mehr sie fließt und ungehindert weit entfernte Plätze erreicht – bis in die Ewigkeit –, desto tiefer und leidenschaftlicher wird sie. Je mehr es mir möglich wird, die Unendlichkeit zu lieben, desto mehr und tiefer wird es mir möglich, auch einer einzelnen Person meine Liebe zu geben.

Die Liebe einer Mutter, die sagt, sie hätte nur Liebe zu ihrem Sohn, diese Liebe stirbt in diesem Moment. Nein, Liebe kann nur dann den Sohn erreichen, wenn die gleiche Liebe auch alle die anderen, die Söhne sind, erreichen kann. Und je ungehinderter meine Liebe fließen kann, desto tiefer wird sie auch für jede einzelne andere Person. Liebe will sich in die Unendlichkeit ausdehnen und in demselben Maße wird sie jede einzelne andere Person auch erreichen. Je weiter die Liebe sich ausdehnen kann, desto tiefer wird diese Liebe sein. Die Tiefe und die Ausbreitung von Liebe haben immer das gleiche proportionale Verhältnis zu einander.

Ein Baum … Diese Zypressen hier haben sich hoch in den Himmel erhoben. Vielleicht ist es uns nicht bewusst, dass das Ausmaß, in dem sie sich in den Himmel erhoben haben, das gleiche Ausmaß angenommen hat, in welchem ihre Wurzeln tief in die Erde gewachsen sind. Das proportionale Verhältnis ist genau das gleiche. Je tiefer die Wurzeln reichen, desto höher konnten sich die Zypressen in die Höhe strecken. Je höher sie sich in die Höhe strecken, desto tiefer reichen sie in die Erde. Die äußerliche Ausdehnung steht im gleichen Verhältnis zu ihrer innerlichen Tiefe. Je weiter die Liebe sich ausdehnt und sich in den offenen Himmel ins Unendliche ausdehnt, desto tiefer gehen ihre Wurzeln innerlich zu jedem einzelnen Menschen.

Mitgefühl meint sich verströmende Liebe. Deshalb kann es im Mitgefühl auch keine Bindung geben, Abhängigkeit kann keine Frage sein. Mitgefühl fordert nichts. Mitgefühl sagt nicht: „Ich bin mitfühlend, also musst du mir etwas geben." Mitgefühl, das etwas verlangt, ist kein Mitgefühl mehr. Liebe, die etwas verlangt, ist keine Liebe mehr. Aber unsere sogenannte Liebe fordert zuerst etwas und gibt erst dann. Zuerst will sie sicher sein, wie viel sie bekommt, und dann gibt sie im gleichen Verhältnis. Sie gibt nur, um etwas bekommen zu können. Aus diesem Grund ist die Liebe eine derart traurige Angelegenheit geworden. Niemand scheint da viel Freude zu kriegen. Da wird vielleicht von Freude geträumt, aber aus der Liebe selber scheint keine Freude zu kommen.

Kierkegaard sagte etwas Interessantes. Er sagte, dass diejenigen Liebenden Glück gehabt hätten, die ihre Geliebten erst gar nicht treffen hätten können, denn dann könnten sie ihr ganzes Leben lang in einem Traum verharren: wie schön das Leben gewesen wäre, wenn sie ihre Geliebten getroffen hätten.

Und Pech hätten diejenigen Liebenden, die mit ihren Geliebten tatsächlich zusammen sein können, weil dann die Träume platzen und was sie dann durchmachen müssen, das sei einfach die Hölle.

Das ist seltsam, aber es ist wahr. Von der Liebe ist nur noch ein Traum übrig geblieben. Es ist nur ein Traum, weil er seine Wurzeln nicht im Mitgefühl hat. In unserem Innern gibt es einfach kein Mitgefühl. In unserem Innern sind wir so hart, in unserem Innern sind wir in jeder Hinsicht unfähig, uns nach außen zu verströmen.

Warum sind wir dazu nicht in der Lage? Je stärker unser Ego ist, desto größer ist unsere Unfähigkeit im Fluss zu sein, denn das Ego hat das Bestreben, von außen mehr in unser Inneres herein zu bringen. Und das Ego will auch nichts aus dem Innern herausgehen lassen. Es ist das Ego, das alles, was nur möglich ist, von außen ins Innere bringt, sei es Reichtum, Wissen oder Liebe. Das Ego verlangt nur dieses Eine, dass alles, was von draußen hereingebracht werden kann, auch hereingebracht wird, damit es stärker wird, damit es mehr Power bekommt. Bring mehr Geld herein, bring mehr Wissen herein, bring mehr Liebe herein, bring mehr von allem herein. Das Ego schreit immerzu nach mehr und mehr. Um zu überleben, braucht es nur das eine: Zuwachs. Je mehr Zuwachs, desto gigantischer wächst das Ego.

Wenn du einige Zehnrupienscheine besitzt, wie kann dein Ego damit glänzen? Wenn du auf hundert Millionen sitzt, dann ist der Berg größer, und dann ist auch dein Ego größer geworden, und dann ist auch deine Arroganz größer geworden. Wenn du nur ein paar Bücher gelesen hast, wie kann da dein armes Ego glänzen? Wenn du ein großer Gelehrter bist, wenn du das Wissen von vielen Büchern zusammengetragen hast, dann wird das Ego glänzen. Wenn du zwei- oder dreimal gefastet hast, na und? Wenn du die Erfahrung von hundertmal Fasten hinter dich gebracht hast, davon kann sich das Ego aufblähen: „Ich faste, ich entsage, ich kasteie mich", so wird das Ego gestärkt.

Also sagt Ego: „Egal was du bringst, bring es mir, sei es Fasten oder Selbstkasteiung, sei es Wissen oder Reichtum, jedenfalls bring es her." Das Ich muss gestärkt werden. Das Ego muss ausgebaut werden.

Für die Person aber, die danach verlangt, dass immer mehr in sie eingebracht werden solle, für die ist der Fluss nach draußen blockiert. Dann fließt aus ihrem Innern nichts mehr nach außen. Nur noch eine Bewegung von außen nach innen findet statt. Und diese Person, von der nichts mehr vom Innern nach draußen fließen kann, die ist nicht mehr lebendig, denn Leben fließt immer nur von innen nach außen. Ein Spross kommt aus dem Samen und wächst zum Himmel. Ein Fluss fließt vom Berg hin zum Ozean. Ein Kind verlässt den Bauch der Mutter und geht hinaus in die weite Welt. Genauso wie der Samen sich entfaltet und wächst, dementsprechend verlässt auch das Kind die Mutter. Es kommt vom Innern der Mutter her und geht nun nach draußen.

Alle Lebensentfaltung kommt von innen her und verläuft nach außen und die Bewegung des Ego macht genau das Gegenteil. Das Ego sagt: „Von außen nach innen." Aber von außen geht nichts nach innen, das ist nur eine Illusion; so eine Reise gibt es nicht. Der Mann, der auf einer Million Rupien sitzt, der redet sich nur ein, dass er etwas bekommen hätte. Was hat er denn bekommen? Der Mann, der auf dem Thron in Delhi sitzt, redet sich nur ein, dass er etwas bekommen hätte. Was hat er denn bekommen?

Tschuangtse ging über einen Friedhof, als sein Fuß gegen einen Totenschädel stieß. Es war finstere Nacht. Er hob den Schädel auf und bat ihn mehrmals um Verzeihung, denn dieser Friedhof war nicht für normale Leute bestimmt; er war den vornehmsten Kreisen vorbehalten, den sehr wichtigen Leuten. Es gab damals Friedhöfe für einfache Leute, aber auch für jene von königlicher Geburt. Als gäbe es irgendwelche Bilanzierung nach dem Tod, wer wichtig war und wer nur ein einfacher Bürger. Aber insofern die Lebenden die Friedhöfe gestalten, in dem Maße übertragen sie natürlich auch ihre dummen Ideen auf diese Friedhöfe.

Dieser Friedhof also war für die High Society und die königliche Familie, für die Könige und Kaiser. Der Mystiker Tschuangtse bekam Angst. Er nahm den Schädel mit nach Hause und bat mit gefalteten Hände um Verzeihung. Seine Freunde versammelten sich um ihn und fragten ihn: „Bist du verrückt geworden? Warum bittest du diesen Totenschädel, er möge dir verzeihen?"

Tschuangtse sagte: „Das ist der Schädel eines bedeutenden Menschen. Dieser Schädel saß einst auf einem Thron. Wenn dieser

Mann noch leben würde und mein Fuß hätte seinen Kopf berührt, hätte ich großen Ärger bekommen. Ich habe Glück gehabt, dass er nicht mehr lebt, aber trotzdem sollte ich wenigstens um Verzeihung bitten."

Die Leute sagten: „Du bist so ein Dummkopf!"

Tschuangtse sagte: „Ich bin kein Dummkopf. Ich versuche vielmehr diesem toten Mann zu sagen, ‚Du Dummkopf! Der Schädel, von dem du einst meintest, er würde auf einem Thron sitzen, der wird eines Tages von Leuten herumgebolzt werden, sogar von so einem Bettler wie mir. Und dann wird er nicht einmal jammern können, er wird mich nicht einmal fragen können, was ich denn da täte, ob ich denn wüsste wer er ist. Was ist mit deiner ganzen Arroganz, die du hattest, als du auf dem Thron gesessen bist? Was ist mit der ganzen Illusion, dass Hunderte Millionen Rupien für dich nichts anderes wären als Schmutz unter deinen Füßen?' Es war dieser gleiche Schädel; es waren diese Knochen. Alles ist das Gleiche. Was ist passiert?"

Das Folgende habe ich aus dem Leben von Ashoka gelesen ...

Ein Mönch besuchte wie üblich seine Hauptstadt, und Ashoka ging zu ihm hin und legte sein Haupt zu Füßen des Mönchs. Aber der Premierminister wollte nicht, dass ein derartig bedeutender Kaiser wie Ashoka sich vor einem Bettler niederkniete. Das war einfach zu viel. Sobald sie wieder in ihrem Palast waren, sagte der Premierminister zu Ashoka: „Nein, Euer Durchlaucht, ich mag das nicht, dass ein Kaiser wie ihr, dessen Ruhm unvergleichlich auf der ganzen Welt ist, sein Haupt zu Füßen eines simplen Bettlers legt."

Ashoka lachte und schwieg.

Nach ein bis zwei Monaten rief er seinen Premierminister zu sich und sagte: „Es gibt zu tun, wir führen gerade ein Experiment durch. Nimm diese Dinge hier und verkaufe sie in der Stadt."

Es handelte sich um seltsame Dinge: um einen Ziegenkopf, einen Kuhkopf, um den Kopf eines Mannes, und weiter um viele Köpfe von allen möglichen Tieren. Ashoka wies den Premierminister an, all das auf dem Markt zu verkaufen.

Er machte sich auf den Weg zum Markt. Der Kuhkopf wurde verkauft, der Pferdekopf wurde verkauft, alles wurde verkauft, nur der Kopf des Mannes wurde nicht gekauft. Es gab niemanden, der bereit gewesen wäre, ihn zu kaufen. Wer würde denn so einen Dreck nehmen? Was konnte man denn damit anfangen? Wer würde diesen Schädel haben wollen?

Er ging zurück und sagte: „Eure Majestät, das ist sehr seltsam. Alle diese Köpfe wurden verkauft, nur den Menschenkopf, den konnte ich nicht verkaufen, niemand wollte ihn haben."

Der Kaiser schickte ihn noch einmal fort und sagte ihm, er solle ihn verschenken.

Der Minister suchte alle möglichen Häuser auf und sagte den Leuten, sie könnten den Menschenkopf umsonst bekommen.

Die Leute fragten ihn: „Bist du verrückt geworden? Warum sollten wir ihn nehmen und uns nur Mühe damit aufhalsen, ihn zu entsorgen? Nimm ihn wieder mit."

Der Minister kehrte zurück und sagte dem Kaiser, dass niemand bereit war, ihn zu nehmen, selbst umsonst.

Ashoka sagte: „Jetzt frage ich dich: Wenn du auf den Markt gehst, um meinen Kopf zu verkaufen, wenn ich tot bin, wird das dann anders sein?"

Der Minister zögerte. Er fragte: „Wie kann ich es sagen? Nur wenn Ihr mir verzeiht, darf ich es wagen, das zu sagen, nämlich, dass niemand nicht einmal deinen Kopf nehmen wird. Ich habe es zum ersten Mal erlebt, dass ein menschlicher Kopf absolut wertlos ist."

Ashoka fragte: „Warum warst du dann so empört, als ich diesen wertlosen Kopf zu Füßen eines Bettlers legte?"

Ein menschlicher Kopf ist wertlos. Mit anderen Worten, das menschliche Ego ist wertlos. Der Kopf eines Menschen ist ein Symbol für das menschliche Ego. Und die ganze Anstrengung des Egos ist es, Dinge in sein Inneres hereinzubringen, obwohl gar nichts hingebracht werden kann – weder Reichtum passt hinein noch Entsagung noch Wissen. Nichts passt hinein. Es gibt keinen Weg, etwas vom Äußerlichen ins Innerliche hineinzutun. Alle Anstrengungen,

Dinge von außen nach innen zu tun sind selbstmörderisch, denn der Lebensfluss geht immer von innen nach außen.

Mitgefühl fließt von innen nach außen. Liebe fließt vom Innern nach draußen. Dementsprechend ist der Schlüssel des Lebens immer ein Sichhingeben, ein Aufblühen, ein Sichausdehnen, ein Sichverbreitern. Und der Schlüssel in den Tod ist Schrumpfen, Aufhäufen, Festhalten. Aber unsere Art der Liebe sagt: „Komm, sei mit mir, gib mir deine Liebe."

Ich war in vielen Familien. Ich bin mit Zehntausenden von Leuten befreundet und ich stelle fest, dass jeder Mensch unter demselben Problem leidet. Ihre Probleme können so zusammengefasst werden: Jeder, ob Frau oder Mann, ob Ehefrau oder Ehemann, ob Vater, Sohn oder Mutter – in jedem Haus, in jedem Dorf, in jeder Stadt –, jeder sagt offenbar immer dasselbe: „Keiner liebt mich."

Die Frau sagt, ihr Mann liebt sie nicht, der Mann sagt, seine Frau liebt ihn nicht, die Mutter sagt, ihr Sohn liebt sie nicht, der Sohn sagt, sein Vater liebt ihn nicht. Es ist sehr interessant, dass jedermann sagt, dass niemand ihm Liebe gibt, dass aber kein einziger begreift, dass niemand ihm Liebe geben kann. Liebe muss weitergegeben werden.

Liebe ist die Kunst des Sichweitergebens. Wir gehen herum und suchen nach Liebe, so wie man nach Geld fragt, aber ein Mensch, der seine Liebe weitergibt, bekommt sie millionenfach zurück. Liebe fließt zu dir hin; man kann sie nicht fordern. Sie kommt zu dir zurück als eine selbstverständliche Belohnung für die Liebe, die du ausgeströmt hast. Sie ist die spontane Antwort auf die Liebe, die du weitergegeben hast. Mitgefühl meint geben, weiterreichen – nicht Reichtum, weil die, die Reichtum geben und meinen, sie wären die Geber, die sind Narren. Etwas, das niemals dein gewesen ist, wie kannst du das verschenken? Sogar, wenn du es gar nicht weitergegeben würdest, du müsstest es eines Tages zurücklassen. Du kannst nur etwas geben, das deins ist. Was ist deins? Nur wenn man sich selbst gibt, kann man ein Geber werden. Ansonsten kann niemand jemals von sich behaupten, ein Geber zu sein.

Liebe meint sich selbst geben. Mitgefühl meint sich selbst geben.

Und dieses Geben, dieses dich selber geben, dieses von innen nach außen Fließen – in welchen Etappen findet das statt? Wie wirst du in diesen Prozessen schmelzen und fließen? Wenn du dich darauf einlässt, dann wirst du das Schmelzen und Fließen in dir selber spüren können, denn es ist dann eine dir innewohnende Eigenschaft. Du musst es zwangsläufig in dir selbst beobachten, denn ursprünglich war ja unsere Natur Betteln und Horten. Und Mitgefühl kommt niemals aus dem Horten. Das sind Reisen in gegensätzliche Richtungen. Wir sind ja immer gewöhnt, etwas von draußen nach drinnen zu bringen, und so werden wir niemals das, was in unserem eigentlichen Sein ist, ins Außen bringen können. Wir müssen also jetzt neue Verhaltensmuster entwickeln, und dazu braucht man ein bisschen Bewusstsein.

Wir sitzen hier. Ihr schaut mich an, ihr hört mir zu. Dieses Zuhören kann von zweierlei Art sein. Die eine Art: Du sammelst alles das, was ich sage. Dann wird das nur dein Ego füttern. Du wirst aus diesem Camp ein wenig weiser, ein wenig kenntnisreicher zurückkehren. Du wirst ein paar neue Sachen gelernt haben, und du wirst gerne und mit Genuss andern alle diese Dinge weitererzählen, die du lediglich gelernt hast.

Wenn du so zuhörst, dann wird diese Art zuzuhören ebenfalls nur dein Ego stärken. Du kannst mir aber so zuhören, dass während du zuhörst nicht nur etwas von mir zu dir hinüberfließt, sondern dass auch etwas von dir zu mir hinüberfließt. Deine Liebe, dein Mitgefühl kann aus dir heraus zu mir herüber fließen und mich erreichen. Diese Art des Zuhörens kann voller Liebe und Mitgefühl sein.

Wenn du einen Baum anschaust – oder den Ozean, – dann kann dieser Blick beiläufig sein, oder du kannst ihn so ansehen, dass Gefühle aus deinem Herzen durch deine Augen fließen und den Baum erreichen, ihn berühren und ihn baden. Dann ist dieses Sehen von einer komplett anderen Natur. Es wird voller Mitgefühl sein.

Du gehst einen Weg entlang. Das Betreten jedes Steins kann so liebevoll, so voller Dankbarkeit sein, dass die Nachricht von deinem Sein diesen Stein erreicht. Während du einen Baum berührst, während du die Hand von jemandem ergreifst, während du jemanden umarmst, – dabei kannst du total im Fluss sein. In deinem totalen Schmelzen kann etwas von jeder Zelle, von jeder Faser deines Seins mitfließen, und das kann diese Person mitreißen. Nur wenn du damit experimentierst wird das möglich, denn wir sind ja im allgemeinen nicht im Zustand des Fließens. In unendlich vielen Leben haben wir ja nur eingeübt, wie wir uns zurückhalten können, wir haben nicht geübt, im Fluss zu sein. Es gibt kein Fließen in uns. Unser ganzes Sein ist tot geworden, abgegrenzt und im Zustand des Stillstands. Wir sind zu Felsen geworden. Wir müssen uns anstrengen, wieder in Fluss zu kommen. Was können wir tun, um diesen Zustand des Fließens wieder herzustellen? Wie kann dieser Flow wieder möglich werden?

Ihr sitzt hier und es kann jeden Moment geschehen, jetzt, in diesem Moment. Meine Worte erreichen euch; eure Liebe sollte zu mir zurückfließen. Ihr könnt zuhören, ihr könnt sogar am Reden teilhaben. Dieser einzigartige Platz kann vom Fließen eurer Liebe erfüllt sein.

Ich habe gehört …

Es gab einen Dichter, Rilke. Die Leute erzählten, wie aufregend sie es fanden, wenn sie sahen, wie er seine Kleidung trug. Diejenigen, die sahen, wie er aß, waren davon fasziniert. Diejenigen, die sahen, wie er seine Schuhe trug, erzählten, wie außergewöhnlich es war, das zu beobachten. Er trug sie, als wären sie lebendig; er behandelte sie, als wäre er ein Freund von ihnen. Wenn er sich einen Anzug aussuchte, dann dachte er dabei nicht darüber nach, welches Hemd er dazu anziehen würde, sondern er würde das Hemd fragen, was meinst du, passen wir zusammen? Würdest du mich mögen?“ Wenn er einen Mantel anzog, fragte er ihn: „Was meinst du, passen wir heute zusammen?“

Wir haben so was nie gedacht. Wie oft standen wir vor einem Spiegel und fragten uns: „Steht mir der Mantel? Ein Mantel ist ein Ding ohne Leben, und wir selber, wir sind die, die lebendig sind, also ist es der Mantel, der uns gefallen muss.“

Die Leute haben aber Rilke gehört, wie er vor dem Spiegel stand und fragte: „Mein Freund, glaubst du, ich passe zu dir?" Wenn er seine Schuhe auszog, putzte er sie ab, und wenn er sie zur Seite stellte, dann bedankte er sich bei ihnen. „Ich bin dankbar. Über einen Kilometer habt ihr mir gedient", und Tränen liefen aus seinen Augen.

Uns gilt er als Verrückter. Er erscheint verrückt zu sein, weil wir so unsensibel geworden sind, dass jedes Fließen von Liebe uns als Verrücktheit erscheint und als nichts sonst. Es geht ja nicht darum, ob das alles den Schuhen auf irgendeine Weise nützlich war oder nicht, ob der Mantel ihn gehört hat oder nicht – das spielt keine Rolle. Es ist vielmehr so, dass ein Mensch, der so voller Liebe, so voller Mitgefühl, so voller Dankbarkeit ist, sogar dem Mantel gegenüber, den Schuhen, der Tür, den Steinen, dass so ein Mensch ein transformierter Mensch ist.

Gibt es irgendeine Möglichkeit, dass so ein Mensch jemandem gegenüber hart ist? Es spielt überhaupt keine Rolle, ob der Mantel ihm gehört hat oder nicht. Wie ich es sehe, hört der Mantel, aber es gibt keine Notwendigkeit, das zu glauben, weil ich es sage. Aber der Mensch, diese Person, die so liebevoll, so mitfühlend ist, so voller Dankbarkeit, selbst Schuhen gegenüber, so ein Mensch wird durch so ein Verhalten transformiert. So jemand wird ein anderer Mensch werden.

Kann dieser Mensch grausam sein? Kann dieser Mensch gewalttätig sein? Kann dieser Mensch überhaupt jemanden ärgerlich ansehen? Es ist nicht möglich. Dieser Mensch wird einen Flow haben, das Bewusstsein dieses Menschen wird ein fließender Strom sein. Und natürlich wird es ein Abenteuer sein, so einen Menschen zu sehen, aber so jemand wird uns nur wie ein Verrückter vorkommen. Wir alle sind so klug und cool, dass Liebe uns immer wie Krankheit vorkommt. Wenn wir aber diesen Flow zusammenfassend bewerten wollen, dann müssen wir uns zwangsläufig ein bisschen mehr in die verrückte Richtung Liebe und in die verrückte Richtung Mitgefühl verändern.

In Deutschland lebte ein Philosoph, Herrigel. Als er sich in Japan aufhielt, besuchte er einen Mystiker. Er hatte es eilig: also ging er hin, zog schnell seine Schuhe aus, stieß die Tür auf und ging hinein. Er grüßte den Mystiker und sagte: „Ich bin in Eile. Ich bin gekommen, um eine Frage zu stellen."

Der Mystiker sagte: „Wir werden später reden. Jetzt geh zurück und entschuldige dich bei der Tür, die du so misshandelt hast, und bei diesen Schuhen, die du so ärgerlich ausgezogen hast. Oh nein, das wird nicht ausreichen. Solche Taktlosigkeiten kann ich nicht erlauben. Geh erst einmal dich entschuldigen, dann komm wieder herein. Dann ist es vielleicht möglich, dass wir miteinander reden. Du weißt ja nicht einmal, wie man sich Schuhen gegenüber verhält, wie wirst du dich denn dann Menschen gegenüber verhalten."

Herrigel war in großer Eile. Er war lange unterwegs gewesen, um diesen Mystiker zu besuchen. Was für eine Verrücktheit war denn das? Aber es war ihm wichtig, diesen Mystiker zu treffen. Und weil er nicht bereit war, mit ihm zu reden –, was blieb ihm also übrig –, Herrigel entschuldigte sich bei der Tür und bei den Schuhen.

Später schrieb Herrigel: „Während ich mich entschuldigte, spürte ich etwas, was ich noch nie in meinem Leben erlebt hatte. Es war so, als hätte sich plötzlich eine große Last von mir abgelöst. Als wäre eine Schwerelosigkeit, eine Leichtigkeit, ein Frieden durch mich hindurch geströmt. Im ersten Moment kam mir das verrückt vor, aber später dann bemerkte ich, dass das richtig war. Mit so einem Ärger, in so großer Aufregung, wie hätte ich da zuhören können, wie hätte ich den Mystiker verstehen können."

Als er wieder zurückging musste er lachen und er sagte: „Verzeiht mir, im ersten Moment fand ich das völlig verrückt, dass ich mich bei der Tür und bei den Schuhen entschuldigen sollte. Aber dann dachte ich, wenn ich mich über die Tür und die Schuhe ärgern kann, wenn ich von ihnen genervt sein kann, warum kann ich mich dann nicht bei ihnen entschuldigen?"

Wenn sich ein Mensch um Mitgefühl bemüht, dann muss er erst einmal von unserer Realität ausgehen, und das ist erst einmal die unbeseelte Welt, wie wir sie nennen, obwohl nichts unbeseelt ist. Er muss von dem ausgehen, was uns entsprechend unserem Verständnis unbeseelt zu sein scheint. Wir müssen jener unbeseelten Welt gegenüber mitfühlend sein, nur dann kann unsere Gefühllosigkeit überwunden werden. Das ist das Mindeste, was notwendig sein wird, um sie zu zerstören.

Wir sind unsinnlich geworden, und wir werden erst dann diese Unsinnlichkeit überwinden können, wenn wir mit dem Unbeseelten mitfühlend werden. Ohne Mitgefühl werden wir nicht fähig sein, unseren Mangel an Lebendigkeit abzulegen. Was alles unbeseelt erscheint... Da liegt ein Felsen. Hast du gemerkt, dass du auf diesem Felsen eine Stunde lang gesessen hast? Nein, daran erinnerst du dich nicht einmal. Jetzt sitzt ihr auf diesem Sand. Drei Tage lang werdet ihr hier nahe dem Meer sein, unter diesen Zypressen. Wenn ihr von hier fortgeht, werdet ihr diesem Platz danken, oder werdet ihr einfach alles vergessen und einfach gehen? Was werden diese Zypressen davon halten: „Was für Leute sind das denn gewesen?“ Und das Meer: „Was für Leute sind das denn gewesen?“, wird es sich fragen. „Sie waren drei Tage lang hier und ich habe für sie gerauscht, ich habe für sie getanzt, und sie haben mir nicht einmal gedankt, als sie gegangen sind.“ Was wird diese ganze Erde sagen, wenn ihr aus dem Leben scheidet? Was wird diese ganze Lebensordnung sagen? Was wird die Sonne sagen, was die Winde? „Siebzig Jahre lang haben wir diesen Menschen mit Leben versorgt, und jetzt ist er gegangen und hat uns nicht einmal gedankt dafür.“

Der heilige Franz von Assisi lag im Sterben. Es fiel ihm schwer, aufzustehen, aber bevor er starb, fing er an, sich bei allem und jedem zu bedanken. Er ging zum Esel, auf dem er die ganze Zeit geritten war. Seine Freunde fragten ihn: „Was machst du denn?!“

Er antwortete: „Es wäre nicht richtig, wenn ich nicht ein paar Schritte zu diesem Esel hinlaufe, der mich so viele Reisen über getragen hat. Ich muss hingehen.“

Und er ging. Eine Menge Leute kamen zusammen. Er umarmte den Esel und sagte: „Bitte vergib mir, ich weiß nicht, wie oft ich zu dir grausam gewesen bin, ich weiß nicht, wie oft ich dich misshandelt habe, ich weiß nicht, wie oft ich dich dazu angehalten habe, mich zu tragen, wenn du nicht mehr die Kraft hattest weiterzulaufen. Ich weiß nicht, auf wie vielen Reisen – ich kann sie nicht einmal zählen – muss ich dir unrecht getan haben. Ich bitte dich um Vergebung für all das, was ich Falsches getan habe.“

„Du warst einer meiner besten Freunde, so still, immer an meiner Seite. Du hast mich nie zurückgewiesen, du hast dich nie über mich beschwert, und heute gehe ich fort. Deshalb bin ich gekommen, mich zu entschuldigen. Bitte vergib mir.“

Die Leute begannen untereinander zu reden und sagten. „Es macht den Eindruck, dass der Heilige Franziskus senil geworden ist, in seinen letzten Momenten. Was macht er denn da?“

Er bedankte sich sogar bei dem Stab, den er immer beim Laufen in seiner Hand gehalten hatte.

Auf uns macht es den Eindruck, als wäre so jemand verrückt. Aber ich sage euch, dass nur solche verrückten Menschen Göttlichkeit erlangen, niemand sonst. Denn Menschen mit einem derartigen Mitgefühl, mit so viel Liebe, deren Herz so voller Dankbarkeit ist, – im Herzen dieser Menschen wird der Felsen bersten. Der Felsen wird brechen, und der Fluss des Lebens wird ungehindert fließen. So stark ist das Mitgefühl. Und wenn der Felsen geborsten ist, dann wird er sich in den Ozean der Existenz ergießen.

Aber wir investieren mehr und mehr in diesen Felsen, und wir erfinden sogar noch immer weiteren Zement und Beton, um ihn sogar noch mehr zu untermauern. Und so wird das Erblühen des Mitgefühls für immer in unserem Innern einzementiert.

Warum haben wir diese Mauer mit so vielen Steinen, mit so viel Zement und Beton errichtet? Dafür gibt es einen Grund. Der Mensch ist ungeheuer ängstlich und so fürchtet er sich davor, sich mitzuteilen und sich dem Lebensfluss mit anderen zusammen hinzugeben.

Ich lebte einmal eine Zeitlang im Haus eines Freundes. Ich war überrascht, als ich bemerkte, dass er niemals seinen Bediensteten ins

Gesicht sah, wenn er mit ihnen sprach. Und wenn jemand in sein Haus kam, um ihm alles Gute zu wünschen, dann überlegte er es sich erst einmal lange, bevor er überhaupt mit ihm redete.

Ich fragte ihn: „Warum tust du das?"

Er sagte: „Wenn man nett mit ihnen redet, wenn man sie gefühlvoll behandelt, dann kriegt man sofort Probleme. Jemand grüßt dich auf der Straße. Wenn du liebevoll zurückgrüßt, dann kommt er spätestens in zwei Wochen und bittet dich um hundert Rupien. So schafft man sich unnötigerweise Ärger. Darauf hab ich keine Lust mehr. Mit anderen Leuten Kontakt machen, das bringt nur Probleme. Also habe ich es mir zum Prinzip gemacht, nur mit solchen Leuten Kontakt aufzunehmen, mit denen es unvermeidlich ist. Und ich will nur noch mit solchen Leuten zu tun haben, von denen ich in Zukunft nichts zu befürchten habe."

Die Menschen fürchten sich vor dem Kontakt mit anderen Leuten, weil jede neue Beziehung eine Vielzahl von Möglichkeiten mit sich bringt. Selbst eine Freundschaft mit einem Baum ist sehr problematisch, denn selbst eine Beziehung zu einem Baum bedeutet letzen Endes mehr Pflege, neue Verantwortung.

Ich habe mit einem Freund, der sich gerade einen Bungalow gekauft hatte, darüber gesprochen.

Er sagte: „Was erzählst du da? Genau dieses Problem habe ich auch. Ich hatte einen Zimtbaum, und der war völlig vertrocknet."

Der Baum war seit Jahren komplett vertrocknet gewesen. Er entwickelte keine Blüten mehr und er trieb auch keine Blätter mehr. Es war schlicht ein toter Baum, der da stand. Mein Freund hatte irgendwo in einem Buch gelesen, dass wenn man einen vertrockneten Baum in einer bestimmten Art sehr stark zurückschneidet, dass der dann wieder von unten heraus treiben könnte. Also nahm er eines Morgens seine Kettensäge und schnitt den Baum radikal zusammen. Der Baum fiel um und nur ein kleiner Baumstumpf blieb übrig. In dieser Nacht fing er dann an, sich Sorgen zu machen. Die ganze Nacht warf er sich im Bett herum und konnte nicht schlafen.

Er sagte zu mir: „Ich weiß nicht, wie man Bäume beschneidet, von wo aus man Bäume beschneidet. Ich bin kein Gärtner. Ich versteh davon überhaupt nichts. Vielleicht habe ich den Baum an der falschen Stelle abgesägt, und jetzt treibt er nicht mehr. Ich habe mich mit diesem Baum angefreundet, und jetzt hab ich nur Sorgen. Die ganze Nacht habe ich gedacht, ich hätte den Baum vielleicht anders beschneiden sollen, damit er wieder austreibt. Jetzt weiß ich nicht, ob der Baum überhaupt wieder austreiben würde. Bevor ich ihn abgesägt hatte, war der Baum wenigstens überhaupt da, auch wenn er nur ein vertrocknetes Skelett darstellte, aber selbst als vertrockneter Baum war er sehr stattlich. Wenn das Mondlicht auf ihn fiel, wurden selbst diese vertrockneten Äste zu einem Lied am Nachthimmel. Wenn das Sonnenlicht auf ihm tanzte, hatten die trockenen Äste einen besonderen Zauber. Vögel kamen immer noch und saßen auf seinen trockenen Ästen und sangen ihre Lieder. Und den habe ich jetzt abgesägt. Jetzt weiß ich nicht, ob er jemals wieder zum Leben kommt oder nicht."

Drei Monate lang war er unruhig und voller Sorgen.

Ich sagte zu ihm: „Es ist doch alles gut. Ob der Baum wieder austreibt oder nicht, das besorgt mich eigentlich nicht so, aber ein neuer Same ist in deinem Leben aufgegangen, und das freut mich sehr. Es ist eine gute Sache, dass du den Baum zusammengeschnitten hast. Solche sorgenvolle Momente um den Baum, diese dreimonatigen Qualen wegen des Baums, diese Reue wegen des Baums, diese dreimonatigen tiefen Gefühle für den Baum, diese innigen Gebete … mag sein oder mag nicht sein, dass er wieder austreibt, darauf kommt es nicht an, aber in deinem Innern ist ein neuer Trieb geboren worden. Ein neues Mitgefühl, eine Liebe ist aufgekeimt, und das ist von großer Bedeutung."

Und nachdem der Baum so viel Liebe bekommen hatte, war es gar nicht möglich, dass er nicht wieder ausgetrieben hätte. Er trieb aus. Jetzt ist der Baum wieder grün von oben bis unten. Er hat neue Blätter getrieben und Blüten begannen auf ihm zu blühen. Aber bedeutsamer als die Erfahrung mit dem Baum ist die Erfahrung im Leben meines Freundes. Er hat einen Baum geliebt.

Man kann die unendliche Existenz um uns herum in drei Teile einteilen. In der Realität ist sie nicht geteilt, diese Einteilung ist rein aus nützlichen, funktionalen Gründen so. Liebe ist nirgendwo geteilt. Liebe ist ein unendlicher Fluss, aber aus funktionalen Gründen können wir sie in drei Teile aufteilen.

Eins: die unbelebte Welt. Sie erscheint uns unbelebt, weil wir erst dann, wenn wir in diese Tiefe vordringen, in der Lage sind, ihr Bewusstsein zu sehen. Zuerst müssen wir unsere Liebe erwecken, unser Mitgefühl dieser unbelebten Welt gegenüber.

Dann gibt es die Welt der Pflanzen und der Tiere – lebendig, aber nicht bewusst. Wir müssen unsere Liebe und unser Mitgefühl gegenüber dieser Welt entwickeln. Drittens gibt es die Welt der menschlichen Wesen. Wir müssen unsere Liebe dieser Welt gegenüber ausdehnen. Aber unsere Reise muss bei der unbelebten Welt beginnen. Diejenigen, die in der Lage sind, die unbelebte Welt zu lieben, werden sicherlich auch in der Lage sein, Pflanzen und Tiere zu lieben. Wer Pflanzen und Tiere zu lieben in der Lage ist, wird auf jeden Fall auch menschliche Wesen lieben können. Aber die Reise muss bei der unbelebten Welt beginnen – und man darf auch keine Zeit verlieren. Jeden Moment, der uns in unserem Leben zur Verfügung steht, sollten wir uns in jeder Hinsicht bemühen, so liebevoll und so mitfühlend wie irgend möglich zu werden.

Man braucht deshalb eine so große Anstrengung dafür, weil der Fluss blockiert worden war. Man muss viele Felsen aufbrechen, erst dann wird der Fluss wieder fließen können. Aber schon bei der kleinsten Anstrengung, selbst wenn nur ein minimaler, winziger Strom an Mitgefühl freigesetzt wird, dann ist das so überwältigend, so fruchtbar, eine so tiefe Erfahrung, dass man das Gefühl haben wird, dass die Anstrengung gar keine Anstrengung gewesen ist.

Lass diesen Strom des Mitgefühls anfangen zu fließen – im Stehen, im Sitzen, im Schlafen, im Wachen, im Gehen. Lass jeden Moment deines Lebens zu einem hemmungslosen Widerhall an Mitgefühl werden, ein Echo, ein Gesang. Erst dann kannst du durchs erste Tor des Tempels des Göttlichen schreiten.

Nein, es ist nicht richtig, dass du eingesperrt bleibst, abgekapselt. Breche alle Tore auf, zerstöre sie!

Ein Herrscher hatte sich einst einen Palast bauen lassen …

Er hatte nur ein einziges Tor, damit kein Dieb hereinkommen konnte, kein Räuber, kein Mörder. Der Herrscher des Nachbarlandes sah sich den Palast an und war begeistert: „Ich bin so froh, ich werde mir auch genau so einen Palast bauen lassen. Du hast mich ganz neidisch gemacht. Dieser Palast ist wunderbar, so sicher. Es gibt nur ein Tor und gleichzeitig gibt es Tausende von Wachen, um den Palast zu sichern. Und der ganze Palast hat kein weiteres Tor. Jetzt habe ich keine Angst mehr, denn kein Mörder, kein Dieb, kein Räuber, kein Feind kann herein. Jetzt bin ich vollkommen sicher."

Sie standen am Tor zu diesem Palast, als sie so miteinander redeten. Ein Bettler, der da immer saß, fing plötzlich ganz laut an zu lachen. Der Herrscher ärgerte sich und fragte ihn: „Du dummer Mensch, warum lachst du so? Was hast du denn?"

Der Bettler sagte: „Majestät, weil ihr mich fragt, werde ich natürlich antworten müssen. Seit dieser Palast gebaut worden ist, hatte ich immer das Gefühl, dass er einen Fehler hat."

Der Herrscher fragte: „Was für ein Fehler?"

Der Bettler antwortete: „Er hat einen Fehler. Wenn du dieses einzige Tor auch abschließt, dann erst bist du wirklich sicher. Dann gibt es keine Angst mehr, dann erst gibt es absolute Sicherheit, dann kann nicht einmal mehr der Tod herein. Es gibt immer noch ein Tor, also gibt es auch immer noch ein Risiko. Die Diebe mögen nicht hereinkommen können, Mörder, deine Feinde mögen nicht hereinkommen, aber was ist mit dem Tod? Der Tod wird hereinkommen. Für ihn gibt es immer noch genug Raum, und er wird dich mit sich nehmen. Dieses eine mache noch. Gehe hinein, und dann schließe auch dieses eine Tor noch ab. Dann brauchst du auch diese Wachen nicht mehr. Dann wird kein Mensch mehr jemals hereinkommen können und du wirst völlig angstfrei sein."

Der Herrscher sagte: „Du Narr, das nennst du Angstlosigkeit? Das ist nichts anderes als der Tod. Der Palast ist dann ein Grab."

Der Bettler sagte: „Das ist er doch jetzt schon. Was macht denn ein Tor für einen Unterschied? Das hast du wenigstens jetzt schon erkannt: Wenn alle Tore geschlossen sind, dann ist es ein Grab. Mit diesem einen geöffneten Tor ist es doch praktisch jetzt schon ein Grab. Außerdem stimmst du damit überein, dass, wenn es keine Tore gäbe, der Palast voller Leben wäre. Wenn es überhaupt keinen Palast gäbe, dann wäre alles völlig angefüllt mit Leben, denn wenn es ein Gebäude gibt, das keine Tore hat, dann ist das der Tod. Also hat das Tor etwas mit Leben und Tod zu tun."

Und der Bettler sagte noch: „Das ist es, worüber ich nachts immer nachdenke. Ich hörte, was du soeben gesagt hattest und musste lachen. Hier sitze ich vor diesem Tor. Hier gibt es weder Türen noch Tore, nur das Leben existiert – und das beinhaltet alles. Das hast du ja schon zugegeben. Du hast erkannt, dass noch ein Tor weniger den Tod bedeutet."

Je sicherer wir versuchen zu leben, desto mehr sterben wir. Je mehr Angst wir haben, desto mehr verschließen wir uns. Nein, das Leben ist für die, die keine Angst haben, das Leben ist für die, die die Unsicherheit umarmen, für die, die bereit sind, sich in die Unsicherheit fallen zu lassen. Meiner Ansicht nach ist so jemand ein religiöser Mensch, der seine Angst loslässt und die Unsicherheit umarmt, der sich sagt, ich möchte leben, und welche Ängste auch immer da sein mögen, ich werde sie akzeptieren. Ich will leben, und welche Risiken auch immer, ich werde sie willkommen heißen. Ich will leben, ich bin bereit zu leben, was auch immer die Konsequenzen sein mögen, ich werde nicht sterben." Nur so jemand kann Mitgefühl haben, denn Mitgefühl trägt einen in eine so unbekannte Welt, in eine Art von Beziehung, wo es Gefahren geben kann.

Es ist sogar gefährlich, sich mit einem Baum anzufreunden. Was dann erst, wenn man sich auf einen Menschen einlässt. Da lädt man Gefahr ein. Mit einem Menschen Mitgefühl zu haben, das ist also sehr viel mehr als dass man eine Verpflichtung eingeht. Es ist gefährlicher, denn es ist folgenreich. Wegen der Angst davor haben wir zu gemacht, vor lauter Vorahnung, was alles passieren könnte.

Lasst es doch geschehen. Das Leben ist nur denen zugänglich, die keine Angsthasen sind. Es ist nur für die, die bereit sind, in die Unsicherheit zu springen. Wer bereit ist, sich völlig in Unsicherheit zu begeben, so einen nenne ich einen Sannyasin.

Diese Dinge habe ich gesagt, weil ich über Mitgefühl gesprochen habe. Wenn ihr irgendetwas in diesem Zusammenhang fragen wollt, dann könnt ihr das im Abenddiskurs fragen.

Jetzt wollen wir zur Morgenmeditation sitzen. Dazu muss man zwei Dinge wissen: Zur Morgenmeditation haltet eure Augen halb geöffnet, so wie gestern Abend. Die Augen sollen nur so weit geöffnet sein, dass du deine Nasenspitze sehen kannst. Außerdem solltest du so sitzen, dass dein Körper völlig entspannt und gelassen ist.

In dieser Morgenmeditation sollst du in totaler Intensität dieser Frage nachgehen: „Wer bin ich?" Mit aller Bestimmtheit, mit aller Ernsthaftigkeit musst du dir diese Frage stellen: „Wer bin ich? Wer bin ich?" Immerzu wiederholst du diese Frage, aber du gibst dir keine solche Antwort auf diese Frage wie: „Ich bin die Seele." Alle diese Antworten, die wir gelernt haben, sind falsch. Lass die Antwort kommen. Die Antwort kommt von selbst. Bis dahin haben wir uns immer und immer wieder zu fragen, haben wir immer weiter nachzubohren: „Wer bin ich? Wer bin ich?" Du musst mit einer Schaufel danach graben, in deinem tiefsten Innern: „Wer bin ich? Wer bin ich? Wer bin ich?" In tiefer Stille, musst du dich das fragen.

Lass das Echo dieser Frage in deinem ganzen Sein widerhallen. Lass jeden, aber auch jeden einzelnen Atemzug dich das fragen: „Wer bin ich?" Von Kopf bis Fuß lass nur dieses eine Echo in dir widerhallen: „Wer bin ich?" Lass nur diese eine Fragestellung in dir existieren, nur diese eine Frage. Nur diese Frage bleibt bestehen. Dann, eines Tages wird die Antwort plötzlich vor dir stehen aus deinem tiefsten Innern, wer du bist. Dann, eines Tages wird die Antwort vor dir stehen, die alle Türen öffnet, die alles freilegt, und wir stehen da, von Angesicht zu Angesicht mit uns selbst.

Lass also diese Morgenmeditation eine Meditation der Selbsterforschung sein. Wir werden sitzen und fragen, die Augen halbgeöffnet, und in unserm Innern werden wir immer weiter fragen. Zehn Minuten lang muss diese Selbsterforschung in unserem Sein widerhallen. Diese Fragestellung soll so intensiv sein, dass ihr anfangt zu schwitzen. Lass aber auch jede einzelne Faser deines Seins um diese ringen.

Nur wenn wir mit unserer ganzen Totalität dieser Frage nachgehen, wird diese Selbsterforschung tiefer gehen und unseren innersten Kern erreichen. Sie darf sich nicht etwas in der Umgebung unseres Seins verlieren. Sie soll tief in uns eindringen, sie soll uns tief durchdringen. Es liegt an dir, mit welcher Intensität du diese Frage stellst. Je intensiver du die Frage stellst, desto früher wird es möglich, dass die Antwort auftaucht. Die Antwort ist in dir. Unsere Fragestellung ist nicht in der Lage, zur Antwort auf diese Frage hinabzureichen, deshalb können wir sie nicht finden.

Lasst uns jetzt ein bisschen auseinander sitzen. Niemand soll jemand anderen berühren. Achte darauf, dass der Boden, auf dem du sitzt, dir kein Unbehagen macht. Kein Reden, breite dich in aller Ruhe aus und setz dich nieder. Kann ich jetzt davon ausgehen, dass ihr alle sitzt?

Halte deine Augen halbgeöffnet, du solltest deine Nasenspitze sehen können, deine Augenlider sollten nur so weit geöffnet sein. Erlaube dir, vollkommen entspannt und gelockert zu sein. Sitze in völligem Frieden. Sobald du still bist, fange an, dich von innen her zu fragen: „Wer bin ich? Wer bin ich? Wer bin ich?" Frage immer weiter, so unerschütterlich wie das Rauschen der Brandung sollte das Rauschen in dir drinnen wie ein Echo fragen: „Wer bin ich? Wer bin ich? Wer bin ich?" Frage weiter, frage mit aller Entschiedenheit, mit deiner ganzen Lebensenergie. Nicht der kleinste Rest deiner Lebensenergie darf ungenutzt bleiben; benütze die ganze Kraft deiner Lebensenergie um das herauszufinden: „Wer bin ich?" Eine einzige rastlose Frage: „Wer bin ich?, frage: „Wer bin ich? Wer bin ich? Wer bin ich?" Zehn Minuten lang werde ich still sein. Jetzt frage: „Wer bin ich?" Frage weiter, mit all deiner Kraft: „Wer bin ich? Wer bin ich? Wer bin ich?"

Frage mit deiner ganzen Intensität. Frage: „Wer bin ich?" Frage weiter: „Wer bin ich? Wer bin ich?" Mit all deiner Kraft, mit deiner ganzen Lebensenergie, frage: „Wer bin ich? Wer bin ich? Wer bin ich? Wer bin ich? Wer bin ich? Wer bin ich ...?" In dem Maße, wie du diese Frage stellst, wird dein Mind vollkommen still werden. Frage, frage einfach weiter. In dem Maß wie du weiterfragst, wird dein Mind vollkommen still werden. Nur noch diese Frage wird bleiben. Genau diese Frage wird bleiben und alles andere wird verschwinden. Frage: „Wer bin ich? Wer bin ich? Wer bin ich?" Dein Sein wird nur noch eine tiefe Stille atmen und nur noch diese eine Frage wird bleiben, alles andere wird nur noch diese Stille atmen. Sei weiterhin standhaft und frage: „Wer bin ich?" Und was auch immer passiert, lass es geschehen. Tränen mögen fließen, lass sie fließen. Wenn du weinst, lass es geschehen; du verhinderst nichts.

Frage mit aller Intensität: „Wer bin ich?" Benütze deine ganze Kraft. „Wer bin ich? Wer bin ich? Wer bin ich? Wer bin ich?" Lass los und frage weiter. Tiefer, noch tiefer... Diese Frage soll dein ganzes Bewusstsein durchströmen. „Wer bin ich?" Dein Verstand wird weiterhin stiller und stiller, er ist völlig still geworden. Bald, wenn wir von hier fortgehen, wird er erfrischt und ganz leicht sein - wie neugeboren. „Wer bin ich? Wer bin ich?" Die gekräuselten Wellen in der Brandung draußen sind wie der Herzschlag in deinem Innern, wie die Brandung, die sich auf den Strand ergießt. Es bleibt nur noch ein Getöse in deinem Innern: „Wer bin ich?" Noch ein paar Minuten, und mit ganzer Entschiedenheit frage dich: „Wer bin ich, wer bin ich, wer bin ich?"

Und jetzt nimm langsam ein paar tiefe Atemzüge, nimm ganz langsam ein paar tiefe Atemzüge, noch ein paar tiefe Atemzüge ... Und dann, öffne ganz langsam deine Augen.

Es wäre gut, wenn du in der Stunde, die du nachmittags in Stille verbringst, baden könntest, wenn du dann frische Kleidung anziehen könntest. Werde dann ganz leicht und frisch und rein, und dann komm wieder hierher. Und bevor du hierher kommst, entlasse deinen Verstand in eine tiefe Ruhe und Stille. Und wenn du dann hier bist, wird niemand sprechen. Diese ganze Stunde über werdet ihr mit mir in Stille sitzen. Und dann schau, was mit mir in dieser Stille geschehen kann.

Kapitel 3

Löse dich auf in der Liebe

Es wurden viele Fragen gestellt.

> „Osho, wenn wir im Camp in Stille sind, steigt in mir ein Gefühl von Indifferenz auf. Heute morgen sagtest du, dass wir auch mit unserem Mitgefühl experimentieren sollen. Bitte sprich darüber, wie Stille und Mitgefühl gleichzeitig gelebt werden können."

Unsere Gewohnheit, immerzu zu reden, führt zu dem Eindruck, wir würden in dem Moment, in dem wir in die Stille gehen, denen gegenüber, mit denen wir vorher geredet haben, gefühllos sein.

Aber vielleicht hast du gar nicht gemerkt, dass du noch nie mit irgendjemand anderem geredet hast, als mit dir selber. Wenn du zu jemand anderem redest, ist der andere nur eine Ausrede. Du sprichst nur von dem, von dem du voll bist und was du sagen willst. Wenn du allein gelassen wirst und kein Mensch ist um dich herum, dann würdest du das Gleiche mit der Wand tun. Die anderen sind so was wie Haken, an die wir unsere Sachen aufhängen, sie sind nichts anderes als Ausreden; wir haben mit ihnen gar nichts zu tun. Jemand liest morgens die Zeitung und geht dann in der Gegend herum, um einen Aufhänger zu finden, um das, was er gelesen hat, unterbringen zu können. Den ganzen Tag über benützt er alle Leute als Aufhänger, um seine Sachen an ihnen aufzuhängen.

Es ist eine falsche Vorstellung, dass wir in dem Maße, in dem wir zu anderen reden, unsere Liebe oder unser Mitgefühl ausdrücken würden. Es kann sein, dass dadurch, dass du die Tiefe der Stille erfahren hast, es nichts mehr zu sagen gibt, da ist dann nichts mehr aufzuhängen. Dann erst kann der andere wirklich wichtig werden, und wir können zu ihm etwas sagen, was für ihn wertvoll ist.

Was auch immer oder wo auch immer aus dem Denken etwas Gutes für andere entstanden ist, ist es immer aus der Stille entstanden. Menschen, die voller Gedanken und Worte sind, benützen die andern nur zum Zweck. Sie versuchen den ganzen Müll, der sich in ihrem Verstand angesammelt hat, über den andern auszuschütten. Der andere ist nur so was wie ein Eimer, er ist nur ein Vorwand. Für mehr als das taugt er nicht.

Nein, dein Reden mit anderen ist kein Beweis deiner Liebe oder deines Mitgefühls für andere. Aber es ist möglich, dass in einem Moment der Stille nichts mehr zu sagen bleibt. Du kannst plötzlich den andern wahrnehmen, du bist plötzlich in der Lage zu sehen, was für ihn gut ist. Immer noch ist aber das, was du zu sagen hast, nur für dich von Bedeutung. Wenn du das ausdrückst, dann bist du derjenige, für den das wichtig ist. Hast du jemals festgestellt, dass du in einer Unterhaltung nur so tust, als würdest du dem zuhören, wovon der andere spricht. Innerlich wartest du nur darauf, dass er aufhört zu reden, damit du das, was du sagen möchtest, sagen kannst. Du wartest nur auf eine Gelegenheit, ihn zu unterbrechen, damit du selber reden kannst.

Zwei Professoren waren bei C.G. Jung, dem berühmten Psychologen. Die beiden waren verrückt geworden. Beide waren große Wissenschaftler, und Wissenschaftler werden logischerweise leicht verrückt. Beide waren üblicherweise Dauerredner.

Sie waren im selben Zimmer untergebracht. Der Psychologe verbarg sich hinter einem Fenster und beobachtete, was sie tun würden. Er war sehr überrascht. Der eine redete eine Stunde lang ununterbrochen und der andere hörte mit großer Geduld zu. Danach redete der andere und der vorige Redner hörte ebenfalls mit großer Geduld zu. Aber aus dem, worüber der zweite sprach, war zu erkennen, dass er in keiner Weise dem andern zugehört hatte.

Jung war sehr überrascht: obwohl sie über Sachen redeten, die miteinander in überhaupt keinem Zusammenhang gestanden hatten, hörten sie einander mit großer Geduld zu. Das war das eigentlich Überraschende. Man kann von einer Unterhaltung zweier Verrückter keinen großen inhaltlichen Zusammenhang erwarten, aber alle beide verhielten sich äußerst zivilisiert. Während der eine sprach, blieb der andere sehr ruhig.

Also fragte er sie: „Freunde, ihr habt mich ungeheuer überrascht. Wenn der eine redet, warum bleibt dann der andere so ruhig?"

Sie antworteten: „Meinst du denn, wir würden die Gesprächsregeln nicht kennen? Wir wissen doch, dass man still sein soll, wenn der andere redet." Der Psychologe schrieb in sein Tagebuch, dass für ihn an diesem Punkt zum ersten Mal die Möglichkeit in Betracht kam, dass sie verrückt sein könnten; aber ist denn unsere Kommunikation in irgendeiner Weise anders?

Wir warten auch, bis der andere aufhört zu reden, damit wir dann mit unserem Gerede beginnen können. Insofern würde die Person, die dir nicht erlaubt zu reden, einem sehr langweilig vorkommen. Sie wirkt auf uns nicht deshalb langweilig, weil sie redet und redet, sondern deshalb, weil sie uns keine Chance gibt, selber zu sprechen. Wenn sie auch dir die Möglichkeit gibt, sie zu langweilen, dann ist sie ein sehr netter Mensch. Ihr mögt die Leute, die euch zuhören.

Ein eleganter Herr meldete sich bei mir an, weil er sich mit mir eine Stunde lang unterhalten wollte: „Ich habe so viele Tage gewartet, ich bitte nur um eine Stunde."

Ich bat ihn, noch am selben Tag zu kommen. Er kam und redete eine Stunde lang. Ich hörte ihm zu und von Zeit zu Zeit nickte ich mit dem Kopf, quasi als Antwort auf sein Reden. Als er sich von mir verabschiedete, sagte er zu mir, dass er mein Gespräch mit ihm sehr genossen habe.

Ich war überrascht und sagte: „Mein Gespräch? Sie haben ihr eigenes Gespräch genossen. Wann hatten Sie mir denn eine Möglichkeit gegeben, zu sprechen? Sie haben mich ja gar nicht reden lassen."

Er sagte: „Nein, nein, ich habe es in jeder Hinsicht genossen. Ich werde immer wieder mal vorbeikommen, denn ich habe ganz viel, was ich Sie fragen möchte."

Weder hatte er mich etwas gefragt, noch machte er irgendwelche Anstalten, mich zu fragen, noch hatte er irgendein Bedürfnis dazu spüren lassen. Aber als er ging, hatte er offensichtlich das Gefühl, dass ich ein sehr netter Mensch sei, und zu mir zu reden war für ihn eine große Freude.

Gebt euch nicht der Illusion hin, dass ihr, wenn ihr redet, zu der anderen Person liebevoll seid. Die Wahrheit ist, wenn du neben jemandem sitzt, den du liebst, gibt es keinerlei Unterhaltung mehr. Die hört in der Anwesenheit von jemandem auf, den du liebst. Dann hast du nichts mehr, worüber es etwas zu sagen gäbe. Mit ihm zusammen wirst du merken, dass du so unglaublich viel zu sagen hättest, aber in dem Moment, wo der Geliebte bei dir ist, verschwinden alle Worte, löst sich jedes Gespräch in Luft auf. Stille wird im Angesicht des Geliebten geboren.

Alle, die auch nur ein bisschen Liebe erfahren haben, wissen, dass Worte in Anwesenheit von Liebe verschwinden und Stille dich umgibt. Und das Gegenteil ist auch wahr: Wo Stille ist, ist Liebe. Diese beiden bedingen sich. Wenn Stille passiert, folgt Liebe von ganz alleine; wo Liebe ist, folgt Stille von ganz alleine.

Glaube nicht, dass du hartherzig wirst, wenn du still wirst. Du wirst allen anderen einen großen Gefallen tun. Es wird sehr freundlich sein von dir, wenn du ruhig bist, wenn du still bist. Es gibt keinen Gegensatz zwischen Mitgefühl und Stille. Mitgefühl entsteht nur aus Stille, und ein mitfühlender Mensch wird ganz langsam immer stiller. Sein Reden kommt nicht aus irgendeinem innerlichen Bedürfnis zu sprechen. Er spricht vielmehr dann, wenn es außer ihm selber eine Notwendigkeit gibt, dass er spricht. Sonst würde er nicht reden. Für ihn ist Reden kein Tick, dass er etwas loswerden müsste. Sein Reden ist für denjenigen, zu dem er spricht, ein Bedürfnis, es ist für den andern eher wie eine Therapie, wie ein Heilmittel.

Es gibt also zwei Arten, wie und warum Menschen sprechen. Die einen sind voller Mitgefühl und ihr Reden kann für andere eine Hilfe sein. Und jene, die reden, nicht deshalb, weil ihr Sprechen für andere eine Hilfe wäre, sondern nur deshalb, weil sie so angefüllt sind mit Worten und Gedanken, dass sie, solange sie nicht jemanden finden, über die sie sie ausschütten können, denen sie sie entgegenschleudern können, sie sich hilflos, belastet fühlen würden, Tag ein Tag aus. Das ist dann nicht etwa Härte, das ist dann eher wie eine Art Überwältigung. Jeden Tag werfen wir alles heraus, aber heute hatten wir keine Möglichkeit, das zu tun. Da hat sich dann etwas aufgehäuft, ist bleischwer geworden, der Mind muss übergewichtig geworden sein.

Diese Schwere ist nicht aufgrund einer Gefühllosigkeit entstanden, sondern aufgrund einer Unsitte. Wenn du daran arbeitest, dann wird diese Unsitte ganz langsam verschwinden und einem Mitgefühl weichen, welches aus der Stille entstanden ist, und Stille wird aus diesem Mitgefühl entstehen – es sind keine Gegensätze.

„Osho, in welchem Zustand ist dein Mind in dieser einstündigen Meditation? Was können wir tun, um in diesen Zustand zu kommen?"

Wenn Stille total ist, dann gibt es keinen Mind mehr, also ist die Frage nach dem Zustand des Minds dann gegenstandslos. Stille, das ist der Tod des Verstandes; der Verstand ist dann nicht mehr da, und was übrig geblieben ist, das ist das, was wir Seele nennen. Stille ist also nicht eine Existenzweise des Minds. Stille ist der Tod des Minds, Stille ist gleichbedeutend mit dem Verschwinden des Minds, ja, Stille löst den Mind auf.

Das ist so wie mit den Wellen des Ozeans. Wenn der Ozean ruhig ist und jemand fragt nach der Qualität seiner Wellen, was können wir dann sagen? Wir werden sagen, wenn der Ozean in Ruhe ist, dann gibt es keine Wellen. Wenn der Ozean aber unruhig ist, dann gibt es Wellen. Und in der Tat sind Wellen und Unruhe zwei Begriffe für die gleiche Sache. Wenn keine Ruhelosigkeit mehr existiert, dann gibt es auch keine Wellen mehr – und das, was bleibt, ist der Ozean.

Der Mind ist Ruhelosigkeit, der Mind, das ist wie eine Welle. Wenn alles bewegungslos geworden ist – die Wellen sind verschwunden, die Gedanken sind verschwunden, der Mind ist auch verschwunden –, was geblieben ist, ist der Ozean, was geblieben ist, ist das Sein, was geblieben ist, ist Göttlichkeit. Die menschlichen Individuen sind einfach Wellen des Minds auf dem Ozean der Existenz. Wenn die Wellen bewusst werden würden, dann würde jede einzelne von ihnen sagen: „Ich bin." Die Welle weiß nicht einmal, dass sie nicht existiert, dass nur der Ozean existiert. Der Gedanke „Ich bin", der in uns entsteht, ist nur die Endsumme der ruhelosen Wellen in jedem Mind. Diese Wellen werden verschwinden, und dann wirst du nicht mehr da sein, der Mind wird nicht mehr da sein. Was bleiben wird ist Göttlichkeit; was bleiben wird ist der Ozean der Bewusstheit.

Totale Stille ist nicht ein Zustand des Minds, sie ist der Tod des Minds. In dem Maße, wie wir mehr und mehr still geworden sind, gehen wir jenseits des Verstandes. Je mehr wir mit Gedanken angefüllt sind, desto mehr sind wir der Verstand, der Mind; je mehr wir aus den Gedanken herausgehen, desto mehr gehen wir aus dem Mind heraus. Also frag nicht nach dem Zustand des Verstands während der Zeit in Stille. Wenn es noch immer einen Zustand des Minds gibt, dann ist Stille auch noch nicht geschehen. Wenn Stille ist, dann ist kein Mind mehr da.

Wo es Mind gibt, gibt es keine Stille; wo Stille ist, da ist kein Mind.

Osho, ein Bettler ist so sehr mit dem Zustand des Bettelns identifiziert, dass er immer betteln muss. Ist unser Mitgefühl so jemandem gegenüber angemessen?"

Solche Fragen kommen zwangsläufig auf. Ein Bettler bettelt, und Betteln ist eine Gewohnheit geworden. Wer aber hat ihn denn zum Bettler gemacht? Wer hat ihn in diesen Zustand hineingezwungen? Wer hat ihm bis zu diesem Tag Almosen gegeben? Wir, wir sind es und niemand sonst, nur du und ich – wir waren das, ich war das. Er ist ein Bettler, weil diese Gesellschaft auf einem System basiert, das Bettler hervorbringt. Der Bettler hat das Betteln gelernt, weil diese Gesellschaft das Geben von Almosen unterstützt. All diese sogenannten Propheten, Mönche, Heiligen, Munis, Sadhus und Asketen reden Leuten ein, dass man sich das Paradies verdient oder Göttlichkeit erreicht, indem man Almosen austeilt.

In einer Gesellschaft, in der manche Leute andere davon überzeugen, dass man Befreiung dadurch erlangt, dass man Almosen verteilt, dass man die Armen speist, da ist es kein Wunder, dass sich andere wiederum dadurch ihrer inneren Befreiung vergewissern. Und was für eine Gesellschaft ist das, die Arme überhaupt erst als gesellschaftliches Phänomen etabliert?

Alle Mitglieder einer Gesellschaft, die die Armut als gesellschaftliche Institution etabliert, die sind dann auch für die Existenz dieser Armen verantwortlich. Eine Gesellschaft, die es feiert, dass schon die Seele eines Menschen am besten gleich ein Bettler sei, die verdient nur Verachtung, deren gesamte gesellschaftliche Struktur verdient nur Verachtung. Wer denkt, dass er mitfühlend sei, weil er einem Bettler zu essen gibt, der denkt falsch. Dadurch, dass wir einem Bettler zu essen geben, zerstören wir nicht die massenhafte Existenz der Bettlerei, sondern es ist vielmehr so, dass der Bettler so mit seiner Existenz als Bettler versöhnt wird.

Nein, Menschen, deren Herzen voll Mitgefühl sind, die werden eine Gesellschaft, in der Bettler erschaffen werden, abschaffen. Freundlichkeit und Mitgefühl für den Bettler kann nur eines heißen: Wir schaffen eine Gesellschaft, in der keine Bettler mehr möglich sind. Mach dir nicht vor, du wärest mitfühlend, weil du einem Bettler zu essen gibst. In Wirklichkeit ist es so, dass du den Bettler im Gewand des Mitgefühls mit seiner Existenz als Bettler versöhnst, also wird er weiter betteln und mit seiner Existenz als Bettler ausgesöhnt bleiben. Und in einer Gesellschaft, in der der Bettler zufrieden ist, Bettler zu sein, wird eine Revolution unmöglich sein. Die Leute, die milde Gaben verteilen, die Almosen verteilen, die kümmern sich nicht um die Bettlerei der Bettler, um das Elend der Bettler. Im Gegenteil, die Wahrheit ist, dass all diese Gaben – die Almosen, die Armenhäuser und Tempel – nur dazu da sind, dass die Bettler und Armen von dieser Gesellschaft denken sollen, sie sei sehr gut: „Sie gibt uns zu essen, sie baut Armenhäuser, sie gibt Kleidung, sie gibt uns Medizin. Diese Gesellschaft ist so gut, wie gut doch diese Gesellschaft ist!“ Und diese Gesellschaft ist es, die ihn zum Bettler gemacht hat. Aber das soll er nicht merken. Diese Gesellschaft wirft ihm ein paar Geldstücke hin, damit er das Gefühl hat, sie sei so großzügig, als wären alle so gute Leute. Daraus folgt nur eine einzige Logik: Die Revolution der Armen, die aufbegehren könnten, findet nicht statt. Und so bleibt in dieser Gesellschaft alles beim Alten; die Gesellschaft, die im Wesentlichen verkehrt ist – die die Armen hervorgebracht hat –, die bleibt so wie sie ist.

Diejenigen, die Mitgefühl in ihren Herzen haben, werden eine Gesellschaft entwerfen, in der es keine Möglichkeit für die Armen geben wird, arm zu sein. Die Leute, die den Armen zu essen geben, die halte ich nicht für mitfühlend. Es geht darum, die Armut zu zerstören, aber weder kann man Armut zerstören, indem man einem Armen zu essen gibt, noch kann man sie ausrotten, indem man die Armen vergöttert. Armut ist ein Gebrechen, Armut ist eine Sünde; sie ist ein Schandfleck auf dem Gesicht einer jeden Gesellschaft. Jedes System, das zu Armut führt, verdient es, in Brand gesetzt zu werden.

Wer Mitgefühl in seinem Herzen trägt wird den Samen einer Revolution in die Gesellschaft tragen. Es ist gefährlich, von Wohltätigkeit zu reden, gefährlich, hohl und es stiftet Unheil. Der einzige Zweck besteht darin, die Armen zu beruhigen, damit die Armen arm bleiben und die Reichen reich, und dass die Armen nicht unzufrieden werden und revoltieren könnten.

Es ist also die Sozialstruktur der Reichen, die Sozialstruktur des Geldes, die Sozialstruktur der Ausbeutung – die Sozialstruktur jedweder Ausbeutung –, der das System der Wohltätigkeit seine Existenz verdankt. Das Wohltätigkeitssystem schützt das Ausbeutungssystem. Es gibt da ein wechselseitiges Abkommen zwischen Ausbeutung und Wohltätigkeit, und keiner merkt jemals, dass all diese Armut, all diese Bettlerei, alle diese hungernden Leute die unvermeidliche Logik der jeweiligen Sozialstruktur sind. Solange die Sozialstruktur sich nicht ändert, werden die Armen Bettler bleiben. Der Bettler bleibt an sein Betteln gewöhnt, und die Leute werden ihm weiter Almosen geben.

Nein, jemand, der ein tiefes Mitgefühl hat, wird das ganze System durchschauen: wie der Bettler entsteht, wie die Gesellschaft die Armen hervorbringt. Was eine Gesellschaft ist denn das, wo ein Mann bereit ist, sich derart zu erniedrigen, dass er das Betteln zu seiner Gewohnheit macht? Und die Menschen dieser Gesellschaft, die es dann auch noch als ihr Vergnügen ansehen, diesem Mann Almosen zu geben, weil sie meinen, sie würden sich damit einen Platz im Himmel sichern, die sind ja noch tiefer gefallen.

Die Seele eines Menschen, der meint, es als seine Großzügigkeit ausgeben zu können, dass er zehntausende Bettler ernährt hat, die ist noch weitaus verwahrloster als die der Bettler – denn sogar noch deren Armut wird ausgebeutet, sogar deren Armut wird als Mittel benützt, um in den Himmel zu kommen. Deren Elend wird ausgebeutet. Ihr Reichtum ist ihnen weggenommen worden, und ihre Armut wird ihnen auch noch gestohlen.

In gewisser Weise wird ihre Armut auch für den Himmel, für Erlösung, für Gott missbraucht. Nein, Mitgefühl ist etwas sehr Wesentliches, es ist sehr revolutionär. Gäbe es Mitgefühl auf der Welt, dann könnte es eine derartige hässliche und schmutzige Gesellschaft nicht einen einzigen Tag geben. Diese gesamte Sozialstruktur muss geändert werden. Es geht ja nicht nur um die einzelnen Bettler; es geht vielmehr um die gesamte Gesellschaft, die solche Bettler hervorbringt. Es geht nicht um die Armen; es geht um die Armut. Es geht nicht um einen armen Menschen, die Armut selber muss ausgelöscht werden, sie muss vernichtet werden. Es geht nicht um den oder jenen Bettler, sondern um das Wesen der Bettlerei. Warum entsteht Bettlerei? Damit muss Schluss sein. Diejenigen, die meinen, dass dadurch, dass sie mitfühlend seien, wenn sie einem Bettler ein paar Münzen und Brot geben, die glauben, dass Mitgefühl einfach so zu kriegen sei. Sie haben versucht, Mitgefühl als Billigware zu kriegen, quasi für einen Laib Brot. Mitgefühl kriegt man nicht so billig. Gäbe es Mitgefühl in dieser Welt, wir hätten diese Gesellschaft längst zerstört.

An dem Tag, an dem Mitgefühl Wirklichkeit wird, an dem Tag muss die ganze Gesellschaft von Grund auf neugestaltet werden. Unsere Gesellschaft ist nicht daran interessiert, dass Mitgefühl irgendwo auf der Welt existiert, weil Mitgefühl Umsturz bedeutet. Wie ein Feuer wird es dein ganzes Leben in Brand setzen. Also reden sie lieber von Mitleid – und so sind wir einem Selbstbetrug aufgesessen, im Namen von Mitgefühl, von Gewaltlosigkeit, von Freundlichkeit und Liebe. Gewaltlosigkeit nicht deshalb, weil es falsch ist, jemanden zu verletzen, sondern nur deshalb, weil du, wenn du jemanden verletzt, sündig geworden bist und in die Hölle kommst. Das grundlegende Prinzip hinter eurer Gewaltlosigkeit ist völlig anders. Du würdest in die Hölle kommen, deshalb Gewaltlosigkeit.

Wenn den Leute gesagt würde, dass sie nicht in die Hölle kämen, auch wenn sie andere verletzen würden, die Leute, die über Gewaltlosigkeit reden, würden sofort aufhören, sowohl über Gewaltlosigkeit als auch über Gewalt zu reden. In dem Moment, wo die Leute wüssten, dass sie durch Gewalt in den Himmel kämen, dann würden sie mit Sicherheit nicht zögern, sich durch Gewalt Zugang in den Himmel zu verschaffen. Sie müssen koste es was es wolle in den Himmel kommen. Und weil es derzeit heißt, sie kommen durch Gewaltlosigkeit in den Himmel, praktizieren sie halt Gewaltlosigkeit.

Allein schon das Wort Gewaltlosigkeit zeigt, dass damit das Ego zufriedengestellt wird. Nein, diese Art der Gewaltlosigkeit ist weder Liebe noch Mitgefühl.

Osho, sind alle diese Worte - Gewaltlosigkeit, Mitgefühl, Mitleid, Liebe - Synonyme?

Nein, diese Worte sind keine Synonyme. Im Grunde genommen sind nie zwei Worte absolute Synonyme; das geht gar nicht. Wenn es so wäre, dann würden sie gar nicht gebraucht werden. Es gibt immer einen kleinen Widerspruch, eine Differenz zwischen ihnen. Deswegen sind sie ja auch entstanden, sonst wären sie gar nicht benötigt worden.

Mitgefühl bedeutet ein Herz voll Liebe; ein Herz, welches vorbehaltlos voller Wohlbefinden ist, und das sich überallhin ausbreitet, für jeden, der erreichbar ist. Es gibt einen riesigen Unterschied zwischen Mitleid und Mitgefühl. Mitleid ist etwas Schreckliches. Mitleid ist deshalb keine gute Sache, weil es Leiden für jemand anderen bedeutet. Man bedauert jemand anderen, und wenn wir jemand anderen bedauern, akzeptieren wir ihn als bedauernswert, und jemand als bedauernswert anzusehen bedeutet, ihn zu beleidigen.

Immer wenn du jemanden bedauerst wird er sich dafür revanchieren, er wird sich früher oder später dafür rächen. Eines Tages wirst du dein Mitleid zurückkriegen. Deswegen hört man so oft jemanden sagen: „Wir hatten so viel Mitleid mit ihm, wir haben ihm so viel Gutes angetan, und jetzt zahlt er es uns so böse zurück." Das tut er deshalb, weil Hass im Innern des Mitleids versteckt ist. Im Mitleid ist eine Beleidigung versteckt. Mitleid bedeutet: „Du bist ein Außenseiter und wir bedauern dich; du bist bedauernswert." Nein, Mitleid ist kein guter Begriff. Mitleid hat keine positive Bedeutung. Und Mitgefühl heißt nicht: „Du bist bedauernswert, und deshalb sind wir nett zu dir." Was Mitgefühl bedeutet, das ist: „Mein Herz ist voller Mitgefühl, und deswegen gebe ich meine Liebe weiter." Wer oder wie du bist spielt dabei keine Bedeutung.

Wenn ein Kaiser vor mir geht, wird mein Herz voller Mitgefühl bleiben. Mein Herz wird voller Mitgefühl bleiben, egal, ob ein Kaiser oder ein Bettler vorübergeht. Man kann mit einem Kaiser nicht Mitleid haben, nur mit einem Bettler. Kannst du mit einem

Kaiser Mitleid haben? Wie soll das gehen? Einen Kaiser bemitleidet man nicht; einen Bettler sehr wohl.

Aber man kann mit jedem mitfühlend sein, denn Mitgefühl hat nichts mit dem andern zu tun, Mitgefühl ist deine Natur. Du kannst nicht vierundzwanzig Stunden lang mit jemandem Mitleid haben. Nur wenn eine bemitleidenswerte Person da ist, kannst du sie bemitleiden. Für diese sogenannten „gütigen" Menschen braucht es die Bedauernswerten auf der Welt, ansonsten braucht es kein Mitleid auf der Welt. Mit wem willst du denn Mitleid haben, wenn es keine bedauernswerten Menschen um dich herum gibt?

Ich habe gehört, dass manche, die der Welt entsagen, sogar meinen, es wäre nicht gut, wenn es Sozialismus gäbe, denn was wird dann aus Freundlichkeit und Großzügigkeit, wo doch in den Schriften steht, dass man ohne diese keine Befreiung erlangen könne. Sie sagen, es sollte keinen Sozialismus auf der Welt geben, weil es dann keine bedauernswerten Menschen mehr gäbe. Es gäbe dann keine Menschen mehr, die man bemitleiden könnte, es blieben dann keine Bettler und arme Menschen mehr übrig. Und wenn es kein Mitleid mehr gäbe und keine Wohltätigkeit, wie kann dann für uns Befreiung erlangt werden? Da haben sie recht, in dem was sie sagen. Wenn man Befreiung erlangt durch Mitleid und Wohltätigkeit, dann ist ab dem Tag, wo jeder auf der Welt gleich und glücklich ist, Befreiung nicht mehr möglich.

Aber weder hat irgendwer jemals Befreiung erlangt durch Mitleid und Wohltätigkeit, noch geht es überhaupt um Befreiung. Mitleid und Wohltätigkeit sind Worte, die man abschaffen muss. Nein, richte Mitleid nicht auf jemanden, sei einfach nur mitfühlend. Mitgefühl kann eine Welt entstehen lassen, auf der es niemanden mehr gibt, den man bemitleiden müsste und auf der es niemanden mehr gibt, der Mitleid haben müsste. Mitgefühl und Mitleid sind keine Synonyme, eher sind es Antonyme, also Gegensatzwörter.

Es gibt einen genauso grundsätzlichen Unterschied zwischen Gewaltlosigkeit und Liebe. Gewaltlosigkeit meint, verletze niemanden. Liebe heißt, mache den anderen glücklich. Gewaltlosigkeit ist negativ, Liebe ist positiv. Gewaltlosigkeit sagt nur so viel: Füge dem andern keinen Schmerz zu. Warum? Weil es eine Sünde ist, jemanden zu verletzen. Insofern bringt Gewaltlosigkeit eine gewisse Härte hervor. Verletzte nicht jemanden, das ist alles; damit ist die Sache beendet. Die Verbindung zum andern ist damit vorbei.

Da geht es nicht darum, dem andern Freude zu bereiten. Die Sache ist: Der andere soll durch mich nicht verletzt werden, sonst werde ich in meinen nächsten Leben leiden müssen. Es geht also im Grunde um meine Freude und um mein Leiden; insofern kümmere ich mich um meine Freude. Ich sollte anderen keine Schmerzen verursachen, es könnte ja in meinem Bemühen um mehr Glück Probleme verursachen. Insofern ist Gewaltlosigkeit ein absolut negativer Begriff.

Liebe ist positiv. Liebe bedeutet, den andern glücklich zu machen. Warum? Weil dadurch, dass du den andern glücklich machst, du auch glücklich bist. Da geht es nicht darum, dass, weil du andere glücklich machst, du in deinen nächsten Leben auch glücklich sein wirst. In ebendiesem Prozess, in dem du den andern glücklich machst, wirst du bereits auch glücklich. Machst du den andern froh, bist auch du schon froh.

Gewaltlosigkeit wird das Ego stärken, Liebe wird das Ego auflösen; sie wird es zerstören. In dem Maß, wie der andere nicht mehr der andere bleibt, ist das Ziel der Liebe erreicht. Sie gibt dem andern nicht nur Glück, sondern gibt Glück in so einem Maß, dass der andere nicht mehr der andere bleibt. In der Liebe wird letztendlich ein Punkt erreicht, wo das Gefühl „der Andere" sich auflöst. Bei der Gewaltlosigkeit ist aber das Gefühl vom Andern immer vorhanden. Das einzige Interesse am Andern besteht nur darin, dass er nicht verletzt wird. Damit ist die Sache erledigt; um mehr als das geht's nicht.

Alle diese Worte haben unterschiedliche Bedeutung. Ich mag den Charakter des Worts Gewaltlosigkeit nicht und genauso wenig den Charakter des Wortes Mitleid. Und natürlich bin ich ganz und gar für Liebe und Mitgefühl. Die Bedeutung für diese beiden Worte kommt aus demselben Ursprung, aber auch diese Worte sind keine

Synonyme, auch sie haben nicht die gleiche Bedeutung. Die Liebe, wie wir sie kennen, wenn wir dieses Wort benützen, meint immer eine Beziehung zwischen zwei Menschen. Mitgefühl zielt nicht auf die Beziehung zwischen zwei Menschen ab, sondern meint das Bewusstsein eines Menschen. Im Mitgefühl steht der Andere nicht zur Debatte. Die jeweilige Person ist angefüllt mit Mitgefühl. Ob der Andere da ist oder nicht, darauf kommt es nicht an.

Eine Blume blüht am Wegesrand. Sie breitet ihren Duft aus, ob jemand vorbeikommt oder nicht. Die Blume sagt nicht: „Bis jetzt ist noch niemand vorbeigekommen, also ist die Tür zu. Ich werde meinen Duft nicht ausströmen. Es kommt ja niemand, also wofür denn?" Nein, die Blume schert sich nicht, ob jemand vorbeikommt oder ob keiner vorbeikommt. Die Blume ist voll mit Duft, und so strömt sie ihn auch aus. Und so ist Mitgefühl.

Aber Liebe – so wie wir über Liebe denken – erwartet immer etwas vom Andern. Sobald wir sagen: „Ich liebe" fragen wir schon „Wen? Wen liebst du?" Für das Mitgefühl geht es nicht um „wen", da gibt es keine Frage nach „wen"; danach wird nicht gefragt.

Mitgefühl ist keine Beziehung. Mitgefühl ist eine Haltung. Mitgefühl ist eine Seinsweise. Man kann allein sein und mitfühlend sein. Aber Liebe, wie wir sie im Allgemeinen verstehen, ist eine Beziehung, ist eine Verbundenheit zwischen zwei Menschen. Wenn ihr das richtig versteht, dann ist es so, dass in dem Moment, wo Liebe zu einem derartigen Phänomen wird, dass sie grenzenlos wird und alle Beziehungen transzendiert, dann wird Liebe zu Mitgefühl.

Mitgefühl ist die Krönung der Liebe. Wenn Liebe keine Beziehung zwischen zwei Menschen mehr bleibt, wenn sie sich stattdessen ausbreitet und ein Zustand zwischen einer Person und dem Grenzenlosen wird, dann ist es Mitgefühl geworden. Mitgefühl ist das absolute Aufblühen der Liebe. Liebe ist das erste Stadium; Mitgefühl ist das höchste Ziel. Aber sie sind unterschiedlich, und dieser Unterschied ist ganz entscheidend.

Mitgefühl ist der wertvollste dieser vier Begriffe. Es fällt schwer, einen Begriff zu finden, der schöner ist als Mitgefühl. Mitgefühl ist etwas Einzigartiges, das Wort alleine ist schon gewaltig. Je mehr du darüber nachdenkst, je mehr du es für dich erfährst, desto neuartiger werden die inhaltlichen Bedeutungen in diesem Wort. Du wirst immer neuere Tiefendimensionen in ihm entdecken.

Osho, woher kommen die Tränen in der Meditation, woher das Weinen? Ist das ein natürlicher Prozess, dass das in Meditation geschieht?

Es gibt nur eines, was in Meditation geschieht: Du fängst an zu schmelzen und alle deine Barrikaden brechen zusammen. Aber Männer sind so kompliziert geworden, dass sie sogar ihre Tränen kontrolliert haben. Sie unterdrücken sogar Tränen und halten sie zurück. Männer glauben, Tränen wären ein Zeichen der Schwäche. Aber es gibt nichts Reineres als Tränen, nichts Unschuldigeres als Tränen. Keine Diamanten, keine Perlen sind so wertvoll wie Tränen. Einer der Trugschlüsse der Menschheit ist, dass Tränen ein Zeichen der Schwäche wären. Und so ist es im Speziellen der Mann, der, weil er meint, stark sein zu müssen, die Tränen komplett unterdrückt hat. Die Tränen sind in seinem Wesen förmlich vergraben.

In dem Maße wie der Verstand unschuldiger wird, werden auch die Tränen wieder anfangen zu fließen, dann wird auch deren Unterdrückung zu Ende gehen. Wenn Tränen nicht fließen, dann heißt das nur soviel, dass du hart geworden bist. Tränen sind ein wesentlicher Bestandteil des Lebens, und die Männer, deren Tränen aufgehört haben zu fließen, sind entweder Stoiker geworden oder göttlich, jedenfalls sind sie keine normalen Menschen mehr. In der unschuldigen Natur des Menschen, in seinem liebevollen Innern sind Tränen wie Blumen.

Es gibt auch noch einen weiteren Irrglauben: Tränen würden nur aus Leid fließen. Nein, Tränen sind nicht notwendigerweise Ausdruck von Leiden. Tränen entstehen dann, wenn du überfließt. Egal ob aus Freude oder Glück oder Ekstase, alles was überfließt, was zu viel ist, sodass du es nicht in deinem Innern bewältigen kannst, all das wird überfließen und wird zu Tränen.

Wenn du in deinem Innern so voller Freude bist, dass du von allen Seiten her überfließen möchtest, wie kann dieses Fließen dann geschehen? Das geht nur über Tränen. Wenn die Trauer zu groß wird, dann werden aus der Trauer Tränen. Alles, was in deinem Innern zu viel wird ... sei es Liebe, dann werden aus Liebe Tränen; sei es Ehrfurcht, dann wird Ehrfurcht sich zu Tränen verwandeln. Tränen sind nichts anderes als ein Ausdruck des Überfließens – sie sind das Überfließen. Weil Menschen sie mit Leid gleichgesetzt haben, hat man gemeint, man müsste sie kontrollieren, aber Tränen sind nicht speziell mit Leiden gleichzusetzen.

Dadurch, dass die Männer ihre Tränen unterdrücken, haben sie sich viele Schwierigkeiten geschaffen. Die Psychologen sind der Überzeugung, dass man den Männern auf breiter Ebene wieder beibringen müsse zu weinen, man hat nämlich herausgefunden, dass die Anzahl der psychischen Störungen und Verkrampfungen bei Männern weitaus höher ist als bei Frauen. Eine der wesentlichen Gründe dafür liegt darin, dass Frauen noch weinen können, während Männer sich das Weinen vollständig verboten haben. Deshalb sind Frauen viel leichter und einfacher – weniger belastet, weniger ernst. Und eine der vielen Gründe für die Schönheit der Frauen ist darin zu finden, dass selbst heute noch ihre Tränen nicht vollständig getrocknet sind. Die westliche Frau ist nicht so unmittelbar in der Lage zu weinen wie die östliche Frau. Aber selbst sie hat angefangen zu denken: „Ich und Tränen? Weinen, ist das nicht ein Zeichen der Schwäche?“

Weinen ist keine Schwäche. In Wirklichkeit ist es vielmehr so, dass wenn jemand nicht weint, dass das nichts anderes heißt, als dass solche Gefühle, die überfließen können, im Innern desjenigen nicht entstanden sind. Das heißt lediglich, dass er so lebt, dass seine Gefühle unterhalb der maximalen Möglichkeiten bleiben. Er wird niemals in der Lage sein, den Gipfel von überfließenden Gefühlen zu erreichen, er ist niemals in der Lage, Gipfelerfahrungen zu erleben. Er kann niemals an jene hochfliegenden Spitzenerlebnisse heranreichen, die das Leben zu einem Flow machen. Er wird immer unter diesem Level leben.

Keine Tränen zu haben ist weder ein Zeichen von Tapferkeit noch von Stärke. Dieser Irrglaube über Tränen hat die Menschen dahin gebracht, sie zu unterdrücken, und wer auch immer seine Tränen unterdrückt hat, wird auch sein Mitgefühl unterdrückt haben. In den Ländern, in denen die Religionen extremistische Konzepte der Bindungslosigkeit, Nichtanhaftung oder Abkehr von Gefühlen gelehrt haben, sind die Menschen sehr hart geworden. Und wir bilden uns ein, diese Härte wäre eine Stärke. Nein, Härte ist keine Stärke eines Menschen. Seine Stärke liegt vielmehr in Spontaneität.

In Japan starb einmal ein überall bekannter Mönch ...

Er hatte Millionen von Schülern, und Millionen Menschen liebten ihn. Er hatte einen Lieblingsschüler, der noch bekannter war als er selber. Die Leute hielten ihn für erleuchtet, sie meinten, er hätte Göttlichkeit erfahren.

Als sein Meister starb liefen Millionen von Menschen zusammen. Es war wie ein Fest. All diese Leute waren schockiert, weil sie sahen, dass dieser oberste Schüler, den sie für erleuchtet hielten, hemmungslos weinte und sich gegen die Brust schlug. Tränen flossen aus seinen Augen und immer wieder brach er hilflos zusammen.

Diejenigen, die neben ihm standen, fragten: „Was machst du denn da? Du ruinierst dein ganzes Ansehen. Was werden die Leute von dir denken? So ein erwachter Mensch wie du weint?"

Er fing an zu lachen und sagte: „Wer sagt euch denn, dass jemand, der ein Wissender geworden ist, nicht weint?"

Die Leute fragten: „Wenn sie wissen, warum weinen dann Wissende? Du hast uns immer gesagt, die Seele sei unsterblich. Wenn die Seele unsterblich ist, warum weinst du dann?"

Der Schüler antwortete: „Ich weine nicht um die Seele, aber der Körper, der nun dahin ist, war auch schön. Diesen Körper wird es niemals mehr geben – dieser Körper ist dahin – für immer und ewig. In Ewigkeiten wird es diesen Körper nicht mehr geben. Ich weine nur um diesen Körper. Wer weint denn um die Seele? Und wer hat euch überhaupt gesagt, dass weise Menschen nicht weinen?"

Weise Menschen weinen, Narren weinen auch. Narren weinen aus Unwissenheit, weise Menschen weinen, weil sie wissen. Weise Menschen haben unterschiedliche Gründe zu weinen, Narren haben unterschiedliche Gründe zu weinen. Es gibt Unterschiede für ihre Tränen, aber die Tränen hören nicht auf zu fließen."

Dass in der Meditation Tränen fließen ist in gewisser Weise völlig natürlich. Du hast deinen Verstand so sehr unterdrückt, also lass ihn jetzt fließen. Ich habe beobachtet, dass selbst hier in der Meditation versucht worden ist, Tränen zu unterdrücken, aus Angst, dass sie fließen würden: „Was wird der, der neben mir sitzt, denn denken?" Wir haben so dumme Ideen – „Tränen fließen. Was werden die andern denken, was könnte der, der neben mir sitzt, von mir denken?" Hat ein Mann denn nicht wenigstens so viel Recht, dass er seine Tränen fließen lassen darf? Ist denn diese Gesellschaft so abhängig von andern? Wenn keiner so frei sein kann zu weinen, wie kann er denn dann für irgendetwas anderes frei sein?

Nein, halte Tränen in gar keiner Weise zurück, sondern lass dein ganzes Herz fließen. Im selben Moment, in dem es fließt, wird ein tiefer Frieden und eine tiefe Stille übrig bleiben. Diese Tränen werden die ganze Last von deinem Verstand nehmen, diese Tränen werden all deine Verspannungen lösen, diese Tränen werden die ganze Schwere aus deinem Verstand herauswaschen.

Wenn die Flut den Fluss überschwemmt, wäscht sie all den Schmutz von den Ufern fort und lässt die Ufer klar und frisch und sauber zurück. Genau so fluten die Tränen die Augen und entfernen den ganzen Unsinn aus dem Verstand, befreien sie ihn von Blockaden, von dem ganzen Schmutz – und zurück bleibt ein leichtes Herz. Ich sage, dass der Mann, der die Kunst des Weinens erlernt, dass der auch die Kunst des Reinigens seines Verstands beherrschen wird. Wenn du nicht in Andacht weinen kannst, wenn du nicht in Meditation weinen kannst, wann dann wirst du weinen?

Aber ich sage nicht, dass ihr künstlich weinen sollt, dass du unechte

Tränen weinen sollst. Wir sind so seltsame Leute, dass wir bereit wären, so zu tun, als ob wir weinen würden. Wir haben alles künstlich gemacht – *fake*. Die meisten Leute siehst du nie weinen; das ist die eine Art des Unfugs. Die andere Seite der Narretei ist, dass du sie künstlich weinen siehst. Jemand ist gestorben und jeder, der das Haus betritt, fängt an zu weinen – und all die Tränen sind *fake*. Jemand hat noch vor einer Minute gelacht – eine Minute später kommt er wieder aus dem Haus, steckt sich eine Zigarette an und lacht wieder, gerade vorher hat er noch geweint. Ist Weinen so eine Nebensächlichkeit, dass du einfach rein- und rausgehst?

Jedenfalls weint ein Mann nicht. Und falls er es doch tut, dann weint er künstlich. Wir haben eine derartige Absurdität kreiert, eine so große Erbärmlichkeit in unserem Charakter, dass wir nicht einmal authentisch weinen können. Ich verlange von euch nicht, dass ihr so weint. Wenn aber in den Momenten der Meditation das Herz ungehindert frei fließt und Tränen fließen, dann halte sie nicht zurück, auch nicht, falls ihr das unbewusst tun wolltet. Lasst die Tränen fließen, sagt ihnen, dass es erlaubt ist, dass sie fließen und bedankt euch bei ihnen, weil danach der Mind leicht und ruhig sein wird, und die Meditation wird dann noch tiefer gehen.

Die Meditation wird mit Sicherheit tiefer gehen. Die Augen eines mitfühlenden Menschen sind immer voll Tränen. Du siehst Buddha oder Mahavir nicht weinen, das heißt aber nicht, dass ihr Mitgefühl gestorben wäre. Das bedeutet lediglich: Ihre Herzen sind immerzu voll Mitgefühl und voller Tränen. Es gibt keinen Grund mehr, die ganze Zeit zu weinen. Das hat nichts damit zu tun, dass ihr Mitgefühl gestorben wäre.

Wenn jemand jemanden liebt, dann erinnert er sich dessen ein- oder zweimal am Tag. Es kann aber auch sein, dass jemand so sehr voller Liebe ist, dass die Erinnerung daran den ganzen Tag über anhält, in dem Sinn stellt sich die Frage nach dem Erinnern nicht mehr. Diejenigen, die so tief in ihr Mitgefühl gegangen sind, die mögen nicht aussehen, als würden sie weinen, weil ihre Tränen sich über die gesamte Seele ausgebreitet haben. Ihr Mitgefühl hat sich über ihr gesamtes Sein ausgebreitet. Aber die Reise dahin geht über Tränen. Keine wesentliche Lebensreise findet ohne Tränen statt – mag es um Liebe, um Gebet, um Wahrheit, um Göttlichkeit gehen. Was auch immer bedeutsam im Leben ist, es geht den Weg über den Pfad der Tränen. Und da gibt es auch gar nichts zu befürchten. Tränen sind Freunde, aber wir können es uns gar nicht vorstellen, wie leicht wir uns danach fühlen, wer wir dann sein werden. Wenn jemand wie ein Kind geweint hat vor lauter Freude, oder vor lauter Liebe, vor lauter Mitgefühl, was passiert denn dann hinterher?

So viel Frische, so wie die Blumen frisch sind nach dem Regen. Und genauso wird sich der Mind wie frisch gebadet anfühlen. Meditation ist die Reinigung des Innern. Wenn Tränen fließen, lass sie fließen, es gibt überhaupt keinen Grund, sie zurückzuhalten. Was auch immer in deinem Herzen passiert, lass es passieren. Nichts darf zurückgehalten werden, sodass die ganze Flut dich überwältigen kann, sodass das ganze Fieber weggespült wird, sodass in deinem Innern eine Gewichtslosigkeit, eine Leere aufscheint. Ein Gefühl der völligen Leichtigkeit entsteht in deinem Innern.

Wenn also Tränen kommen, halte sie nicht zurück, aber wenn sie kommen, erzwinge sie auch nicht, dazu gibt es keinen Grund. Wenn sie kommen, gut, lass sie fließen. Wenn keine Tränen kommen, genauso gut. Es gibt keinen Grund, sehr viel Aufmerksamkeit auf sie zu richten. Es geht ja darum, einfach zu werden. Was auch immer passiert, lass es geschehen.

Osho, manchmal muss man streng sein, um jemanden zu bessern. Ist es selbst dann verkehrt, streng zu sein?

Dazu gibt es sehr viel zu bedenken. Es gibt unzählige Interessen an Reformen. Neunundneunzig Mal von hundert geht es darum, jemanden besser zu machen. Und in der Tat ist es ja auch sehr reizvoll, jemanden zu verbessern oder ihn überhaupt zu definieren. Auf diese Weise nämlich ist man der Meister desjenigen, den man besser macht. Die Mehrheit der Menschen sind sehr daran interessiert, den Andern besser zu machen, aber nicht, um ihm Gutes zu tun, sondern vielmehr weil es einem Freude macht, jemanden zu verbessern. Das bedeutet dann, jemanden in seinen Griff zu bekommen und ihn so zu formen, wie man es mag. Was das dann für Konsequenzen bedeutet, das weiß man nicht. Man weiß nicht einmal, ob das derjenige überhaupt gut findet, gebessert zu werden und ihn sich gefügig zu machen. Dieses Bessern hat also etwas Gewalttätiges an sich.

Ein Vater möchte seinen Sohn nach seinen eigenen Vorstellungen formen, so, als ob der Vater wirklich jemand Bedeutendes geworden wäre. Was hat denn der Vater erreicht, dass er den Sohn zu seinesgleichen machen möchte? Er selber ist elend, gescheitert. Aber der Sohn soll genau so werden wie er. Bei dem Bedürfnis, ihn zu formen, spielt das Wohlergehen des Sohns keine Rolle.

Jemanden so zu machen, wie du selber bist, das ist für dein Ego sehr befriedigend. Diese Art, den Guru zu spielen, erweitert deine Identität. Ein Mensch trägt orangene Kleidung, also bringt dieser Guru fünfzig andere dazu, auch orange anzuziehen. Einer zieht sich ein Stück Stoff über seinen Mund, also sammelt er ganz viele andere Narren um sich und bringt sie auch dazu, sich ebenfalls ein Stück Stoff über den Mund zu ziehen. Deren Vergnügen ist also nicht die Verbesserung der Anderen, sondern die Vergrößerung seines Egos, des „Ichs". Ich bin der Meister von fünfzig Leuten, ihr Diktator. Ich bin derjenige, der fünfzig Leute transformiert hat. Ich habe sie geformt. Nein, wenn du auf diese Art der Verbesserung stehst, dann ist die Strenge Grausamkeit, und nicht Mitgefühl.

Wenn du wirklich etwas für andere aus Liebe tun musst, aus Mitgefühl – Steine aus ihrem Weg räumen, Dornen aus ihrem Weg räumen –, dann gibt es da kein Problem. Die Welt wird das als Strenge bezeichnen, aber du weißt ganz genau, dass dadurch, dass du das getan hast, dein Herz in keiner Weise hart geworden ist. Sondern es ist sogar noch mehr geschmolzen, aus lauter Mitgefühl. Warum auf die Welt hören? Es geht doch nicht darum, auf jemanden anderen zu schauen. Es geht dabei vielmehr darum, dich in deinem Innern zu prüfen. Wenn sich jemand bei lebendigem Leib verbrennen will und du ziehst ihn mit Gewalt an seiner Hand aus dem Feuer, dann könnte es sein, dass die Welt dich fragt, was du denn für ein Mensch bist, ihn so derb an der Hand zu packen, dass er sich an der Hand verletzt hat. Aber du würdest sagen: „Lass ihn sich verletzt haben. Ich wollte nicht, dass er ins Feuer springt." Das mag gewalttätig ausgesehen haben.

Die Menschheit als solche stellt sich so eine Frage nicht. Für einen Sucher aber ist es eine Frage der inneren Selbstanalyse – ob das, was mir an meinem Reformeifer Befriedigung gibt, daran liegt, dass ich dann streng bin, oder ob ich Befriedigung daran finde, streng zu sein, und ich deshalb Reformen befürworte. Da muss man genau hinschauen. Das ist eine heikle Frage und dementsprechend muss man ernsthaft prüfen, ob es an meinem Mitgefühl liegt, dass ich jemanden verändern will, dass ich etwas unternehme, um ihn zu ändern. Denk daran, je strenger du wirst, desto weniger ist es möglich, jemanden zu ändern. Wenn du streng handelst, wirst du nur Strenge ernten. Wenn du mit Strenge agierst, ist es doch so, dass je mehr dein Ego jemanden andern ändern will, desto mehr wird das Ego des andern dir erzählen, dass es für dich schwierig sein wird, ihn zu ändern – „Ich bin kein normaler Mensch, ich bin besonders." Das ist auch der Grund, warum viele Söhne von guten Eltern sich zum Schlechten entwickeln.

Die Söhne von so einem guten Vater wie Gandhi entwickelten sich auch negativ, und zwar nur deshalb, weil er die Idee hatte, sie zu ändern. Die Söhne hatten ihr eigenes Ego. Sie sagten: „Okay, versuch uns zu verändern. Wir wollen mal sehen, wie du das anstellen willst!" Einer der Söhne fing an zu trinken, trat einer anderen Religion bei, und wurde insgesamt eher unglücklich. Gandhi erfuhr davon und war auch unglücklich. Als der Sohn hörte, dass der Vater über ihn unglücklich sei, lachte er und sagte: „Also ist er immer noch unglücklich. Er behauptet von sich, er hätte die Gefühle von Glück oder Unglück hinter sich gelassen. Dass ich vom Hinduismus in eine andere Religion übergetreten bin, macht ihn unglücklich? Er sagt,

‚Allah, der Gott der Muslime, und Ishwar, der Gott der Hindus, sind zwei Namen desselben Gottes'. Was gibt es dann da für einen Grund, unglücklich zu sein? Was auch immer für eine Religion, ob Hinduismus oder Islam, alle sind gleich. Was macht das dann für einen Unterschied?"

Gute Väter sind der Grund dafür, dass ihre Söhne auf Abwege geraten, geschweige denn, wenn man sie ändern will. Je mehr die Egos der Väter den Söhnen beibringen möchten, dass sie sich ändern, desto mehr sagen die Egos der Söhne: ‚Wollen wir doch mal sehen, wer uns ändern kann." Nein, niemand hat sich jemals durch Strenge geändert. Diejenigen, die davon fasziniert sind, jemanden aus Liebe zu verändern und nicht etwa, weil er jemanden entsprechend seiner eigenen Ideen formen möchte, erscheinen andern streng, aber das geschieht nur aus deren Mitgefühl heraus. Sie haben die Steine auf dem Lebensweg gesehen, ihre Erfahrungen damit gemacht, also diese Steine beiseite zu räumen, bevor sich jemand unnötigerweise verletzt, das ist mitfühlend. Wenn Mitgefühl in einer gewissen Fülle weitergegeben wird, dann kann das auch streng erscheinen, aber es wird nicht Härte sein, nicht einmal im entferntesten Winkel des Herzens.

Mag die Welt das Strenge nennen, aber das ist nicht die Frage. Deine Aufgabe ist es, das genauer in deinem Innern zu überprüfen, ob es dich anzieht, hart zu sein, ob diese Methode, diese Regel, dies oder jenes zu tun oder nicht zu tun, jemanden um vier Uhr in der Nacht aufzuwecken, ob das nicht bloß ein sadistisches Vergnügen ist, jemanden dazu zu bringen, um vier Uhr morgens in der Kälte aufzustehen.

Mag sein, dass du aus so etwas kein Vergnügen ziehst. Wenn dir das in der Meditation klar ist, dann wird dein Mitgefühl eine wunderbare Kraft der Transformation sein. Aber es geht dir nicht darum, jemanden zu ändern, nicht im geringsten; dann reicht es, wenn du deine Liebe ihm gegenüber ausdrückst, ihn zu verändern. Wenn die Augen voller Mitgefühl sind, dann reicht schon ein Blick, ihn zu verändern. Wenn die Hand voller Mitgefühl ist, dann reicht schon eine Geste oder eine Berührung, ihn zu verändern. Die gewaltigste Anstrengung kann an ihm vorübergehen, aber ein klein wenig Mitgefühl im Gesicht wird ihn tief berühren.

Das muss jeder Mensch in sich selber klären: „Ist das, was ich tue, ein Selbstbetrug?" Neunundneunzig Male von Hundert ist es Selbstbetrug. Also sei nicht zu ungeduldig, andere verändern zu wollen. Wenn du es einfach vergessen kannst, jemanden ändern zu wollen, das reicht schon. Sei vor dir selber auf der Hut, das ist genug, und dein Wachstum an dir selber, und dein mitfühlendes Wesen wird mit Gewissheit so viele Wirkungen um dich herum zeitigen, dass auch andere an sich wachsen. Aber dieses Wachstum ist weder absichtsvoll noch stellt es ein Ziel für dich dar. Und so trägt es dann auch keine Spuren einer gewalttätigen Bevormundung.

Ich halte gar nichts davon, jemanden verbessern zu wollen. Lasst uns lieber uns selber verbessern, uns selber neu erfinden, uns selber neugestalten. Wenn wir das ausstrahlen, wenn in deiner Lampe dieses Licht brennt, dann werden die Leute, in deren Lampe kein Licht brennt, zu dir kommen und werden dich fragen, woher du dieses Licht hast, was das überhaupt für ein Licht ist.

„Unser Haus ist dunkel, und wir möchten auch Licht in unsere Lampe bringen." Sie werden ihre Lampen an deine brennende Lampe halten und sie daran anzünden. Sie werden von deiner Ausstrahlung umgeben sein und werden selber von dieser Ausstrahlung angefüllt sein. Sie werden kommen und deiner Musik lauschen und werden sich mit ihr anfüllen – und sie werden sich verändern. Aber du selber, du musst sie dann gar nicht mehr ändern.

Selbst die aufrichtigsten Bemühungen, selbst die bewusstesten Bemühungen, jemanden ändern zu wollen, sind eine gefährliche Sache. Diese unsere Welt hat ihre schlimmste Ausformung erst durch die Leute erreicht, die sie ändern wollten. Diejenigen, die die Welt ändern wollten, das waren die größten Unheilstifter. Sie haben den Schaden in unvorstellbarem Ausmaß angerichtet.

Je mehr sie es darauf angelegt hatten, eine Veränderung zu bewirken, desto größer wurde der Widerstand in den Egos der Menschen, diesen Wandel zu akzeptieren. Der Mensch ist hart geworden, er ist grausam geworden. Er hat sich entschlossen, sich nicht ändern zu wollen – „wenn du dir ein Vergnügen machst, uns zu brechen, dann werden wir nicht brechen. Wir werden nicht kapitulieren. Mag sein, dass wir sterben, aber wir werden so bleiben wie wir sind."

Das eine Ego fordert nur das andere heraus, stachelt es auf, steigert den Konflikt mit dem andern Ego. Mitgefühl hat kein Ego. Es gibt kein Ego im Mitgefühl, denn das hat sehr subtile Merkmale: Augen und Hände voller Liebe, ein Sein voller Liebe. Alles, was aus dieser Seinsweise von selbst heraus passiert, alles, was spontan geschieht, ist richtig. Was zu tun ist, wenn es dazu einer Anstrengung bedarf, dann wird das verkehrt sein. Es ist nicht richtig, hart zu sein, nicht einmal aus Versehen.

Mitgefühl kennt seine Wege, und wenn Mitgefühl im Herzen ist, dann tut es, was zu tun ist, und du spürst nicht einmal das Mitgefühl dahinter. Wenn eine liebevolle Person, ein mitfühlender Mensch, den Eindruck macht, mit jemandem streng zu sein, mag die ganze Welt der Meinung sein, er wäre hart oder streng, aber nicht derjenige, dem gegenüber er so ist. Wenn dieser auch nur die kleinste Regung von Liebe der anderen Person spürt, dann wird es keine Frage sein, ob der streng ist mit ihm. Im Gegenteil, er ist ihm dankbar: „Er hatte so viel Liebe für mich, dass er sogar so streng mit mir war."

Liebe kann streng sein. Nichts auf der ganzen Welt hat so viel Kraft und so viel Stärke. Aber so eine Strenge ist nicht so, wie die, von der ich geredet habe. Sie ist lediglich ein Teil seines Mitgefühls; sie ist nichts anderes als die verdichtete Form des Mitgefühls.

Es sind noch viele Fragen unbeantwortet, über die reden wir morgen. Jetzt setzen wir uns zur Nachtmeditation.

Setzt euch einzeln nieder, sodass niemand den anderen berührt. Niemand soll reden. Es sollte nicht einmal das leiseste Geräusch zu hören sein. Seid vom andern ausreichend weit entfernt. Niemand sollte jemand anderen im Sitzen berühren. Erwarte nicht, dass der andere wegrückt, wenn er dich berührt; du berührst ihn ja auch.

Es ist so eine wundervolle Nacht. Lasst uns in diese wundervolle Nacht schauen. Es wäre dumm, auch nur ein bisschen von ihr zu versäumen. Wer weiß, ob wir diese Meeresbrandung jemals wieder erleben oder nicht, ob dieser Mond, dieses Mondlicht, dieser Zypressenhain noch weiterhin da sein wird. Kein Moment kommt jemals wieder zurück, eine Zeit, die vergangen ist, kehrt niemals wieder. Wir wissen nichts über das Morgen. Was heute in deinen Händen ist, ist alles, was du hast. Nütze es in Gänze aus. Das ist die einzige Bedeutung der Meditation. Wir sitzen in Meditation. Lass den ganzen Körper in völliger Entspanntheit sein. Ein paar Freunde haben gesagt, dass sie sich verkrampft fühlen, wenn sie die Augen halb geöffnet halten. Wer auch immer so eine Anspannung spürt kann die Augen geschlossen halten. Es geht darum, den Körper in jeder Hinsicht zu entspannen. Wenn deine Augen sich verspannen, wenn du sie halb geöffnet hast, dann schließe sie. Wer solche Verspannung nicht spürt kann sie halb geöffnet lassen, ansonsten schließe sie ganz.

Jetzt werde ich dir eine Anregung geben, damit dein Körper entspannt. Spüre es, dass er völlig locker geworden ist. Dann werde ich dir den Vorschlag machen, dass deine Atmung vollkommen ruhig geworden ist, und dann spüre ganz langsam, wie dein Atmen völlig ruhig wird. Halte ihn nicht an. Lass ihn einfach immer langsamer werden. Lass ihn ganz von selber kommen und gehen. Wir müssen weder tief noch langsam atmen, atmet einfach nur völlig in Ruhe. Und dann werde ich sagen, dass dein Mind friedlich wird.

Wenn alles still geworden ist, werdet ihr das Meeresrauschen hören. Ihr werdet die Bewegungen des Zypressenhains wahrnehmen; die Stille der Nacht wird dich mit sich forttragen, lausche der Nacht zehn Minuten lang. Einfach nur horchen, du hörst einfach nur zu, du hörst einfach nur zu. Das, was geschehen sollte, ist, dass nur noch der Wald übrig bleibt, dass nur noch das Mondlicht übrig bleibt, nur noch das Meer übrig bleibt; wir selber haben uns völlig aufgelöst. Das kann geschehen und es wird geschehen.

Also setzt euch hin, lasst euren Körper völlig entspannen. Halte die Augen geschlossen oder halb geöffnet, so wie du dich wohlfühlst. Sobald du sie schließen möchtest, schließe sie. Jetzt werde ich dir Vorschläge machen, sodass du sie mit mir gemeinsam erfahren kannst. Erfahre mit mir, dass der Körper entspannt hat, er ist jetzt locker, als wäre kein Leben mehr in ihm, als wäre der Körper völlig ruhig geworden. Der Körper entspannt ... entspannt ... entspannt.

Lass ihn völlig locker, in jeder Hinsicht locker, als gäbe es keinen Körper mehr. Der Körper ist entspannt. Lass los. Lass vollständig los. Der Körper ist vollkommen entspannt.

Das Atmen wird ruhig ... Das Atmen wird ruhig ... Das Atmen wird ruhig ... Das Atmen wird ruhig ... Das Atmen wird ruhig ... Das Atmen wird ruhig ... Lass auch den Atem sich vollständig lockern.

Der Mind wird mehr und mehr friedlich, er wird still. Lass auch dein Gehirn völlig entspannt sein.

Der Mind wird friedlich, er wird still. Lass dein Gehirn völlig entspannt werden. Lass alles in völliger Totalität entspannt sein. Der Verstand wird still ... Der Verstand wird still ... Der Verstand wird still ... Alles ist ruhig und entspannt geworden.

Jetzt höre zehn Minuten lang dem Meeresrauschen zu, lausche der Stille der Nacht, horche so intensiv, als wäre dein ganzer Körper Ohren geworden. Nur noch Horchen, Horchen, Horchen und während du horchst ist alles in dir leer geworden. Du verbindest dich mit der Nacht, du löst dich in der Nacht auf. Höre für zehn Minuten, höre einfach nur. Horch, höre weiterhin in aller Stille. Die Nacht wird in dein Wesen eintreten. Das Mondlicht wird in dich hineinsickern. Höre, in aller Stille, höre. Höre, die Stimmen der Nacht rufen dich mit aller Macht. Höre weiter in aller Stille. Der Mind wird weiterhin immer stiller und stiller. Lausche den Stimmen der Nacht, horche weiter... Horche weiter - es sollte nur noch das Gefühl des Horchens übrigbleiben. Und so wird der Mind stiller und stiller.

Der Mind wird still ... Der Mind wird still ... Der Mind wird still. Du hast dich aufgelöst, nur die Nacht bleibt, nur der Mond bleibt, nur das Meeresrauschen bleibt. Der Mind ist vollständig leer geworden. Der Mind ist still geworden, der Mind ist vollkommen still geworden.

Jetzt nehmt ein paar langsame, tiefe Atemzüge. Nehmt langsam ein paar tiefe Atemzüge. Mit jedem Atemzug wirst du spüren, wie die Stille in dir wächst. Nimm langsam ein paar tiefe Atemzüge ... Mit jedem Atemzug wirst du spüren, wie die Stille in dir wächst. Dann öffne langsam deine Augen, und sieh, wie viel Stille überall ist.

Die Nachtsitzung ist zu Ende.

Kapitel 4

Freundlichkeit – eine Seinsweise

Heute sprechen wir über das zweite Tor, das zum Tempel des Göttlichen führt. Dieses zweite Tor ist Freundlichkeit. Das erste Tor ist Mitgefühl, das zweite Tor ist Freundlichkeit. Mitgefühl ist wie eine Wolke am Himmel, angefüllt mit Wasser an regnerischen Tagen. Freundlichkeit ist wie das Wasser, das sich auf die Erde ergießt. Die mit Wasser gefüllten Wolken ziehen über den Himmel hin, aber der Durst der Erde wird dadurch nicht gestillt. Der Durst wird erst gestillt, wenn das Wasser vom Himmel auf die Erde kommt.

Mitgefühl ist wie eine regengesättigte Wolke im Herzen. Solange sie nicht die Erde erreicht und sich in Form von Freundlichkeit ausbreitet, bleibt sie bedeutungslos, im wahrsten Sinn des Wortes. Mitgefühl ist die Seele, Freundlichkeit ist deren Manifestation. Mitgefühl ist die Seele, Freundlichkeit ist deren Körper. Mitgefühl ist noch nicht realisiert, Freundlichkeit ist gewordene Wirklichkeit. Mitgefühl ist noch nicht realisiert, und solange es nicht zu Freundlichkeit wird, ist es noch nicht real. Mitgefühl ist das Lied, das im Herzen des Dichters Widerhall gefunden hat, Freundlichkeit ist das Lied, das von seinen Lippen ausgedrückt und gesungen worden ist und jedermann erreicht hat.

Insofern kommt Freundlichkeit in der Folge von Mitgefühl oder, um es noch genauer auszudrücken, Freundlichkeit ist manifestiertes Mitgefühl.

Wenn Mitgefühl Realität wird, ist es Freundlichkeit geworden, aber Freundlichkeit bedeutet nicht dasselbe wie Freundschaft; es ist wichtig, dass man zuerst den Unterschied zwischen diesen beiden versteht, der Unterschied geht nämlich ziemlich tief.

Normalerweise meinen wir, freundlich sein wäre das gleiche wie Freundschaft. Nein, Freundlichkeit bedeutet nicht Freundschaft. Was ist der Unterschied? Wenn es Freundschaft gibt, dann gibt es auch Feindschaft. Wer Freunde hat, hat auch Feinde. Freundichkeit aber heißt, dass es keine Feindseligkeit mehr gibt; Feindschaft ist nicht mehr da. In der Freundschaft ist immer noch das Milieu von Feindschaft vorhanden, aber in der Freundlichkeit ist beides verschwunden. Jetzt ist es keine Frage mehr von Freundschaft. Wer sich Freunde macht, macht sich auch Feinde, aber diejenigen, die den Geist des Freundlichseins in sich erweckt haben, lassen keinen Raum mehr für Feindschaft.

In Freundschaften sind die Qualitäten und Werte eines Freundes sehr wichtig. Im Freundlichsein gibt es keine Erwartungen an Qualitäten und Werte. Wenn ich mit dir Freundschaft schließe, dann werden deine Qualitäten und Charaktereigenschaften sehr wichtig; auf so was basieren Freundschaften.

Sobald solche Qualitäten nicht mehr da sind, entsteht Feindseligkeit. Das Gefühl des Freundlichseins hängt von mir ab, Freundlichkeit ist meine innere Seinsweise. Deshalb sage ich Freundlichkeit, nicht Freundschaft.

Was ist dieses Freundlichsein? Ich habe gesagt, dass Freundlichkeit aktives Mitgefühl sei, manifestiertes Mitgefühl. Wenn Mitgefühl real wird, dann nimmt es auch bestimmte Formen an, es drückt sich in Freundlichkeit aus. Zuerst wird Mitgefühl real, und zwar im Herzen. Du wirst von Dankbarkeit und Mitgefühl überwältigt.

Das ist wie bei den Wolken: Wenn sie von Wasser angefüllt sind, denn regnen sie, sie entleeren sich, sie gießen sich aus, und nur dadurch sind sie in der Lage, die Erde zu erreichen. Dann sprießen die Samen, der Durst der Erde ist gelöscht. Mitgefühl ist die Wolke, die sich im Herzen gebildet hat, und wenn sie sich auf allen Ebenen deines Seins ausdrücken will, wenn der Fluß aus allen Winkeln deiner Existenz fließt, und wenn er sich bis ins Unendliche ausbreitet, dann ist aus Mitgefühl Freundlichkeit geworden.

Vivekananda ging nach Amerika …

Ramakrishna war tot, Vivekananda ging zu Ramakrishnas Frau, um sich von ihr zu verabschieden. Er sagte: „Ich will reisen, um die Religion, die Wahrheit zu verbreiten. Ich bitte dich um deinen Segen für Erfolg."

Sharada war eine ungebildete Frau. Er war zu ihr gekommen, um ihren Segen zu erhalten. Er hätte nie gedacht, dass Sharada erst nachdenken würde, bevor sie ihn segnen würde.

Sie kochte gerade Essen in ihrer Küche. Sie musterte Vivekananda von Kopf bis Fuß. Dann sagte sie: „Lass mich überlegen."

Vivekananda sagte: „Ich bitte dich nur um deinen Segen, ich möchte nur deine guten Wünsche, damit ich gehen kann und erfolgreich bin."

Sie sah ihn weiter gedankenverloren an und sagte: „Okay, ich will nachdenken und dann sag ich's dir."

Vivekananda war verblüfft. Wer denkt denn darüber nach, jemanden zu segnen? Er hatte sie aus reiner Höflichkeit um ihren Segen gebeten.

Sie dachte noch ein wenig nach und sagte dann zu Vivekananda: „Bitte gib mir das Messer, das da liegt."

Vivekananda holte das Messer und gab es Sharada. Sobald er es ihr gegeben hatte, lachte sie und in ihrem Lachen waren ihre Segenswünsche für ihn enthalten. Sie sagte: „Geh nur, geh nur! Jedermann wird nur Gutes von dir erfahren."

Vivekananda fragte sie, ob es einen Zusammenhang gegeben habe zwischen dem Überreichen des Messers und ihrem Segen.

Sharada sagte: „Natürlich gab es da einen Zusammenhang. Ich wollte sehen, wie du mir das Messer reichen würdest, ob du den Griff in der Hand halten würdest oder die Schneide. Ob du mir den Griff hinhalten würdest oder die Schneide."

Vivekananda hatte die Schneide in seiner Hand gehalten und hatte den Griff Sharada hingehalten. Sehr selten hält jemand die Schneide und richtet den Griff dem andern entgegen. Man behält meist unwillkürlich den Griff in der eigenen Hand.

Sharada sagte: „Du hast das Eigentliche der Freundlichkeit in deinem Wesen. Gehe nur. Von dir wird Segen ausgehen. Du hast die Schneide in deine Hand genommen und hast den Griff mir hingehalten. Du hast das Risiko auf dich genommen. Du hättest dich verletzten können, aber du warst auf meine Sicherheit bedacht. Gehe, du hast meinen Segen."

In so einem kleinen Vorfall zeigt sich Freundlichkeit und wird existenziell. Es war so eine unbedeutende Sache. Wen interessiert es, welchen Teil des Messers jemand in der Hand hält, Griff oder Schneide? Möglicherweise denken wir darüber überhaupt nicht nach. In neunundneunzig von hundert Fällen würden wir den Griff in die Hand nehmen. Das erscheint ganz natürlich. Es macht Sinn, auf seine eigene Sicherheit bedacht zu sein. Sich selbst zu schützen scheint natürlich zu sein. Freundlichkeit transzendiert auch die Selbstverteidigung. Der Schutz des andern, der Schutz des Lebens um uns herum wird wichtig.

Freundlichsein bedeutet, dass alles, was um uns herum ist, kostbarer ist als ich selber es bin. Feindseligkeit heißt, ich bin am wichtigsten; mag die ganze Welt verschwinden, ich muss bleiben. Ich bin das Zentrum der Welt. Feindseligkeit ist eine Überlebensmaßnahme. Ich bin das Zentrum der Welt; Feindseligkeit ist egozentrisch. Die ganze Welt dreht sich um mich. Mag die ganze Welt verschwinden, ich muss bleiben.

Im Mittelpunkt des Freundlichseins bin nicht ich, sondern das Ganze. Mag ich auch sterben, das Ganze soll leben. Freundlichkeit ist Wohlwollen, Wohlwollen für alle, und zwar nicht nur als ein Wunsch, sondern auch im Handeln. Das Stehen, das Sitzen, das Gehen, alles – selbst mein Atmen – ist dem Wohlwollen für alle gewidmet. Erst dann kann man das zweite Tor zum Tempel des Göttlichen durchschreiten.

Im Allgemeinen leben wir nur im Gefühl der Feindseligkeit. Wir haben nicht die geringste Idee von Freundlichkeit. Diejenigen, die wir Freunde nennen, sind nur für die bloße Idee da, unsere Selbstverteidigung zu stärken, uns in unserer Selbstverteidigung zu unterstützen. Wir nennen sie unsere Freunde aus diesem Grund: uns und unser Ego zu schützen. Sie sind unsere Partner, unsere Freunde. Was ist unsere Definition eines Freundes und eines Feindes? Wer darauf erpicht ist, mich zu vernichten, das ist mein Feind, und wer alles gibt, mich zu beschützen, ist mein Freund. In jedem Fall aber steht das „Ich“ im Mittelpunkt. Deshalb kann auch die Person, die vor einer Minute mein Freund gewesen ist, eine Minute später mein Feind sein. Wenn er in seinem „Ich"-Zentrum die Lust verliert, mich als sein Zentrum zu akzeptieren, dann wird er zu meinem Feind werden. Jemand, der vor einem Moment mein Freund war, kann im nächsten Moment mein Feind sein. Freunde und Feinde können in Sekundenschnelle ausgewechselt werden.

Als es um den Kampf gegen Hitler ging, waren Amerikaner und Russen Freunde. Sie waren Alliierte, um sich gegenseitig zu unterstützen. Mittlerweile sind sie aber Feinde. Sie sind deshalb keine Freunde mehr, weil sie beide in Sicherheit sind. Morgen können sie wieder Freunde werden gegen China, und wieder wären sie bereit, sich gegenseitig zu beschützen. Wer auch immer mich beschützt wird mein Freund, wer auch immer mich bedroht mein Feind.

Wir alle leben in so einem Film: Nur ich sollte überleben, und in diesem Überlebensszenario wird die ganze Welt zum Feind, es sieht so aus, als wäre die ganze Welt mein Feind. Wer auch immer im Gefühl der Feindseligkeit lebt, lebt in beständiger Angst. Diejenigen, die Freundlichkeit erreicht haben, haben auch Furchtlosigkeit erreicht, denn dann gibt es Zerstörung und Niedergang nicht mehr. Wie kann denn irgendwer jemanden zerstören, der sich bereits selber aufgelöst, sich selber überwunden hat?

Laotse sagte immer: „Selig sind die, die sich hingegeben haben, denn niemand kann sie besiegen.“

Ich wiederhole das, es ist eine wunderbare Aussage. Laotse sagt: „Selig sind die, die sich schon hingegeben haben, denn niemand kann sie besiegen. Selig sind die, die sich schon hingegeben haben, denn niemand kann sie zerstören. Selig sind die, die nicht mehr da sind, weil der Tod für sie nicht existiert.“

Je mehr wir uns selbst schützen, desto mehr Zerstörung bereiten wir uns selber. Bei einem Sturm biegen sich kleinere Bäume nach unten, der Wind bläst über sie hinweg und sie richten sich wieder auf und lachen. Sie treiben wieder Blüten und sie tanzen wieder im Wind. Die größeren Bäume – die Bäume voller Ego, die hohen Bäume –, sie sind nicht dafür ausgerüstet, sich niederzubeugen. Sie kämpfen, sie leisten Widerstand, sie verhalten sich dem Wind gegenüber feindlich. Im Angesicht des Sturms stellen sie sich ihm entgegen. Je größer der Widerstand, desto größer die Gefahr, zu brechen. Ihre Starrheit, die Versuche, in ihrer ganzen Größe stehen zu bleiben, ihr Trotz ist der Grund dafür, dass sie dann untergehen.

Jene kleineren Pflanzen, die sich biegen – die sich gebeugt haben, die sich hingegeben haben, die keine Feindschaft dem Sturm gegenüber entwickeln, die sich nicht gegen den Sturm gestellt haben, die ihn angenommen, die ihn umarmt haben und ihn ergeben hingenommen haben – die sagen werden: „Dein Wille geschehe, wenn du uns sagst, wir sollen uns nach Westen beugen, dann beugen wir uns nach Westen." Der Sturm bläst über die, die sich hingeben können hinweg, ohne sie weiter zu behelligen, und sie stehen wieder auf wie liebevolle Freunde. Ihre Fähigkeit zur Hingabe wird zur Fähigkeit zu leben. Die Fähigkeit, starr aufrecht stehen zu bleiben, ist ihre Fähigkeit zu sterben, nicht zu leben. Eine feindliche Haltung wird zur Einladung an den Tod. Freundlichkeit ist der Ruf des Lebens.

Freundlichsein bedeutet, dass man den Gedanken, man könnte zerstört werden, losgelassen hat. Tatsächlich ist es so, dass derjenige, der sagen kann: „Wenn ‚Ich bin' nicht mehr vorhanden ist in mir, dann ist die Idee eines Gegners nicht einmal mehr eine Idee.

Es gibt keinen Gegner mehr in dem Moment, wo das ‚Ich bin' nicht mehr da ist. Wer könnte zerstört werden, wer könnte mich zerstören, wo wäre ein Gegner? Wenn ‚Ich bin' nicht mehr da ist, stellt sich nicht mehr die Frage nach dem Gegner. Der Feind ist nur so lange da, wie das ‚Ich bin' da ist. Je länger das ‚Ich bin' da ist, desto stärker ist das ‚Ich bin', desto stärker der Feind. Widerstand kreiert Feindseligkeit. Und je egoistischer eine Person ist, desto mehr Feinde wird sie kreieren. Diese Erde scheint dann überall sein Feind zu sein. Dann ist kein Freund mehr übrig.

Von Hitler ist bekannt, dass niemand ihn direkt ansprechen konnte. Hitler hatte keine Freunde. Niemand konnte ihn mit seinem Namen anreden. Man musste ihn mit „mein Führer“ anreden. Hitler schloss niemals mit irgendjemandem Freundschaft. Er erlaubte niemandem, sich ihm zu nähern, denn es könnte ja sein, dass ihm jemand den Arm auf die Schulter legen könnte; so sehr hatte er Angst.

Hitler heiratete nie. Er wurde erst zwei Stunden vor seinem Tod getraut. Er heiratete nicht, weil das bedeuten würde, dass eine Frau ihm sehr nahe sein würde. Der Mann, dessen Ego so pervertiert war, hatte vor jedermann Angst, der ihm zu nahe kommen konnte; es könnte gefährlich sein. Die Person, die ihm am nächsten kommen würde, könnte gefährlich werden. Selbst seine Frau durfte ihm nicht näher kommen, keiner Frau war es erlaubt, so nahe zu kommen, dass sie im selben Zimmer geschlafen hätten. Das war zu gefährlich. Sie könnte ja nachts aufstehen und ihn erstechen oder ihn vergiften.

Eine Frau liebte ihn seit zwölf Jahren und er hielt sie immer noch hin. Er sagte: „Warte noch, die Zeit ist für mich noch nicht gekommen, um zu heiraten.“ An dem Tag, als Berlin schon eingenommen war, die Bomben direkt vor seinem Haus einschlugen und die Schüsse schon die Fenster zerstörten, ließ Hitler diese Frau benachrichtigen, dass sie kommen sollte, damit sie heiraten könnten.

Ein Priester musste im Keller in aller Eile die Hochzeitszeremonie mit ein paar anwesenden Offizieren durchführen. Eine Stunde später nahmen sowohl Hitler als auch seine Frau Gift und erschossen sich. Erst als der Tod unmittelbar bevor stand, fand Hitler, dass ihm jetzt jemand näher kommen dürfte. So viel Angst, so viel Angst, jemandem nahe zu sein.

Je größer das Ego, desto feindlicher erscheint einm die Welt. Je bescheidener jemand ist, desto mehr strahlt seine Freundlichkeit in die Welt. Freundlichkeit heißt Egolosigkeit. Freundlichkeit entsteht und wird in jemandem erst aktiv, wenn der Irrtum vom „Ich“ in seinem Inneren zerstört ist.

Je mehr du das „Ich“ stärkst, desto größer wird die Angst sein, dass jemand es brechen, es zerstören könnte. Also bauen wir noch höhere Mauern um uns herum auf, wir halten andere auf Distanz, wir lassen niemanden mehr an uns heran.

Ein Mensch, der mit Ego angefüllt ist, kann nicht lieben, weil du in der Liebe dem andern nahe kommen musst, da muss es Nähe geben. Du musst dem andern erlauben, dir so nahe zu kommen wie du dir selber nahe bist. Also hat der Egoist Angst vor der Liebe und rennt davor weg, weil Liebe bedeutet, dem andern zu erlauben so nahe zu kommen, dass es gefährlich wird, an einem Platz, wo er dich zerstören könnte. Der Egoist vermeidet die Liebe. Selbst wenn sowas wie Liebe in seinem Leben passiert, dann ist das in etwa so: Ein Mann steht in einer Stahlkapsel, macht ein kleines Loch hinein, und reicht ab und zu seine Hand heraus. Er gibt von Fall zu Fall jemandem die Hand und zieht sie dann wieder zurück. So ist unsere Liebe. Wir halten immer unseren Schutzmantel bereit und ziehen uns sofort wieder zurück, wie eine Schildkröte, die sich schnell wieder in ihren Panzer verkriecht. Sie kommt ein bisschen heraus – ein kleines bisschen Angst, und sie zieht sich sofort wieder in ihren Panzer zurück.

Wir alle haben um uns herum stählerne Schutzschilde gebaut. Aus denen kommen wir ein bisschen heraus um Liebe zu kriegen, wir blinzeln ein wenig hervor – gut, mein Sohn kommt, meine Frau kommt! Wir kommen nur für einen Moment heraus, ängstlich und vorsichtig, es könnte uns ja jemand angreifen. Ein klein wenig Furcht, eine Andeutung eines anderen Gefühls im Ausdruck der Frau, und du kriechst zurück. Du traust dich sogar ein bisschen mehr, und so fragst du: „Was gibt's?“ „Was meinst du?“

Wie kann Freundlichkeit entstehen aus dieser Schutzstrategie, die wir uns so ausgedacht haben? Wie kann dieses verrückte Bedürfnis nach Sicherheit dir erlauben Freunde zu finden? Wie kann man den verborgenen Flow an Freundlichkeit in Gang bringen?

Nein, der stählerne Schutzschirm muss aufgebrochen werden. Wir haben ihn aufgebaut, damit wir uns schützen können. Und das Interessante dabei ist: Was ist es denn eigentlich, was wir zu schützen versuchen? Was wir zu schützen versuchen ist ein Traum, eine Lüge, eine Scheinrealität, eine Fiktion, eine Einbildung, eine Erfindung.

Wo ist dieses „Ich“, welches ich versuche zu schützen? Wo? Sind wir wirklich von dieser unendlichen Welt getrennt? Sind wir in irgendeiner Weise woanders? Wir sind nicht abgetrennt, nicht für den kleinsten Moment. Wir sind ein Teil dieser unendlichen Welt. Die Wellen tanzen im Ozean. Jede Welle kann denken, sie sei abgetrennt, aber wir, die wir am Strand stehen, wir lachen nur und sagen: „Verrückte Welle, wo bist du denn? Der Ozean ist, dich gibt's nicht. Du bist nur Form geworden dadurch, dass der Wind dich durch eine Böe aus dem Ozean herausgeblasen hat. Du bist nur ein Name, geboren aus einer Windböe. Was bist du denn, außer ein Name und eine Form. Mehr als das bist du doch gar nicht.“

Die Welle ist ein Name, eine Form, vom Wind gebildet. Der Wind zieht vorüber, die Form verweht. Der Ozean war vorher da, war gerade im Moment da, wird danach sein. Hast du dir jemals darüber Gedanken gemacht, ob der Ozean ohne Wellen existieren könnte? Aber hast du jemals einen Ozean gesehen ohne Wellen? Die Welle kann es nicht ohne den Ozean geben, den Ozean kann es ohne Welle geben. Der Ozean also ist die Wahrheit, die Welle ist ein Traum. Die Welle hat keine Existenz aus sich heraus.

Dieses Leben hat ohne uns existiert und dieses Leben wird ebenso auch ohne uns existieren. Aber können wir hier sein ohne dieses Leben? Diese Frage zu stellen ist wichtig.

Es ist sehr wichtig, diese Frage in aller Radikalität an dich zu richten: Ich war nicht und Leben war. Der Mond ging auf und unter und das Mondlicht leuchtete. Die Sonne ging auf und die Vögel sangen, die Bäume wuchsen und die Blüten blühten auf ihnen, und die Sterne und die Wolken erschienen am Himmel. Alles ging seinen Lauf. Es gab Leben, Leben in all seinen Farben. Als ich nicht war, war das Leben kein bisschen weniger ohne mich. Morgen werde ich nicht sein, aber Leben wird nicht ein Funken weniger sein deswegen. Das Leben wird weitergehen. Die Welle wird nicht sein, der Ozean wird noch da sein.

Kann ich mir jemals vorstellen, dass es keine Sonne gäbe, keinen Mond, keine Bäume, keine Pflanzen, keine Vögel? – diese ungeheure Ausdehnung des Lebens ist nicht da, aber ich bin da? Ist das möglich? Ist es überhaupt möglich, das zu denken, dass ich da bin, aber das Leben nicht? Ohne mich gab es Leben, und morgen wird es auch wieder da sein. Was heißt das? Es heißt, dass ich nicht mehr als eine Welle bin.

Leben ist der Ozean. Ich entstehe als eine Form, nehme Gestalt an, und vergehe dann. Das Leben ist ewig. Es ist immer, es war immer, es wird immer sein. Leben ist Wahrheit, ich bin ein Traum. Ich komme und gehe wie eine Böe im Wind. Aber wir glauben, diese Böe sei alles, und wenn wir sie für alles halten, dann sind wir in größter Sorge, sie zu schützen, und wir haben Angst, dass sie jemand zerstören könnte. Aber wie kann man etwas, das gar nicht da ist, zerstören? Wäre es da gewesen, dann hätte man es zerstören können, aber wie kann man etwas zerstören, das es gar nicht gibt? Wenn es mich nicht gibt, wo entsteht dann eine Frage, mich zu zerstören? Wäre ich da gewesen, hätte man mich zerstören können – aber ich bin nicht. An dem Tag, an dem die Wahrnehmung „Ich bin nicht“ total ist, wird Feindschaft unmittelbar aus dem Leben verschwinden, denn dann bleibt auch kein Zerstörer mehr übrig, dann bleibt auch keine Möglichkeit einer Zerstörung mehr übrig. Nichts kann mehr zerstört werden.

Ich habe gefragt: „Wie kann ich zerstört werden, wenn ich nicht bin?“ Und ich habe gesagt: „Wenn ‚Ich‘ da gewesen wäre, dann hätte ich zerstört werden können.“ Aber wenn dein Verständnis tiefer wird, dann weißt du, dass was auch immer da ist, auch nicht zerstört werden kann. Was ist, ist, wie kann es zerstört werden? Selbst das kleinste Sandkorn kann nicht zerstört werden. Das, was ist, das was existiert, wie kann das zerstört werden? Das, was nicht ist, kann nicht zerstört werden und auch das, was ist, kann nicht zerstört werden. Das, was dazwischen ist – das, was weder ist noch was nicht ist –, das ist nur ein Traum, der ist erschaffen worden und wird zerstört.

Das muss man in aller Tiefe verstehen: dieses Gespür, dieses

Erkennen des „Wo bin ich, was ist meine Existenz?" Der Tag, an dem es mir klar wird, dass ich nicht bin, ab diesem Tag ist jede Feindschaft, jede Feindseligkeit vorüber. Ab diesem Tag ist keiner mehr da, der ein Feind wäre, keiner ist da, der schlecht wäre, keiner ist da, der mich ängstigen könnte. Keiner ist mehr da, vor dem ich mich beschützen müsste, kein Sturm, gegen den ich zu kämpfen hätte.

Nein, nein, nur ich bin. Wenn ich nicht bin, dann was auch immer da ist, bin nur ich. Ich bin auch der Sturm. Das, was kommt, um mich zu zerstören, ist auch in mir.

In den Tagen des großen indischen Aufstands von 1857 stachen ein paar britische Soldaten auf einen Sannyasin mit ihren Bajonetten ein und töteten ihn. Der Sannyasin war 15 Jahre lang in Stille gewesen. Als er das Schweigegelübde abgelegt hatte, sagte er, er würde erst wieder sprechen, wenn es eine Notwendigkeit zum Sprechen geben würde. Fünfzehn Jahre lang gab es keinen Anlass zu sprechen, also sprach er nicht. Er kam am britischen Quartier vorbei. In der Annahme, er sei ein Spion, erschienen einige Polizisten ... Die Nacht war dunkel, als er vorüber ging. Er war ein eigenwilliger Mensch; ob es nun Tag oder Nacht war, spielte für ihn keine Rolle. Wenn er aufwachte, dann war für ihn Tag, wenn er schlief, war für ihn Nacht.

Er ging am britischen Quartier vorbei. Ein paar Wächter hielten ihn an und fingen an ihn auszufragen: „Wer bist du?" Er fing an zu lachen, er lachte und lachte. Wie die Wächter ihn lachen sahen, wurden sie argwöhnisch, Sie fragten ihn laut: „Sag uns, wer du bist!" Aber er blieb still. Was konnte er auch sagen? Selbst wenn er gesprochen hätte, was hätte er auf die Frage, wer er sei, antworten können? Selbst dann wäre ja nur absolute Stille gewesen. Er lachte nur, aber sie missverstanden sein Lachen. Lachen wird immer missverstanden.

Sie ergriffen ihn und sagten: „Sprich, oder wir töten dich."

Darauf lachte er sogar noch lauter. Er musste lachen, weil sie drohten, ihn umzubringen. Aber wen würden sie denn töten? Nur wenn jemand anwesend wäre, könnte man ihn töten. Dann lachte er sogar noch lauter und sie stachen mit ihren Bajonetten auf ihn ein. Im

Sterben sagte er nur ein einziges Wort, vielleicht weil das notwendig geworden war. Er sprach ein Wort aus den Upanishaden. Er sagte: „*Tattvamasi*" – und starb. Er hatte gesagt: „*That art thou*" – du bist das „Das was ist" – und starb.

Du bist das, was „Ich bin" ist, du bist das, was ist. An dem Tag, an dem du feststellst „Ich bin nicht," an dem Tag wirst du auch feststellen „Ich bin alles." Mit dem „Ich bin" wird eine Trennung zwischen allem und mir kreiert. Ab dem Tag des „Ich bin nicht", an dem Tag ist die Welle nicht, die Nachbarwelle und die Welle in der Entfernung, sie alle sind „*that*" geworden. Der ganze Ozean ist „*that*" geworden. Die Notwendigkeit war eingetreten, also sagte der Sannyasin etwas sehr Seltsames: „Du bist auch das."

Wenn jemand sagt: „Du bist auch das", dann hat er für sein ganzes Leben lang das Stadium von Freundlichkeit erlangt. Freundlichkeit meint, dass es keinen gibt wie den anderen. Solange wie es das „Ich bin" gibt, solange wird der Andere auch da sein, denn der Andere ist lediglich eine Reaktion auf das „Ich bin".

Solange wie das „Ich bin" da ist, bist du da. Am Tag des „Ich bin nicht" ist das Du auch nicht. Ab dem Tag, wo es kein Du gibt, entsteht das Gefühl der Freundlichkeit. Und wenn es keinen gibt, der ein Fremder ist, wenn es niemanden gibt, der der Andere ist, wie kann dann „Ich" existieren?" Werden dann nicht jemandes Tränen meine Tränen sein? Wird dann nicht jemandes Lächeln mein Lächeln sein? Wird dann nicht das Rauschen der Brandung mein Rauschen sein?

Wenn ich nicht bin und du bist nicht, dann ist alles, was bleibt, *eins*. Dann wird Mitgefühl aktiv. Wenn nur eins bleibt, dann wird die Aktivität, die im Leben geboren wird, was auch immer ich tun mag, voller Freundlichkeit sein. Was auch immer ich dann bin – mein Sitzen, mein Stehen, mein Atmen –, alles das ist voller Freundlichkeit. Alle Sorgen des Lebens sind mein, und alle Freuden auch; alle Tränen des Lebens sind mein, und alles Lächeln auch; dann ist das Leben und ich eins. Diese Art der Harmonie, diese Art der Nondualität wird Freundlichkeit genannt.

Also ist Freundlichkeit das zweite Tor. Wie werden wir in diese Welt der Freundlichkeit kommen? Wie werden wir uns in diese Freundlichkeit erheben können? Wie werden wir uns in diese Harmonie erheben können? Wie kann diese Nondualität erblühen? Wie werden wir uns selbst auflösen?

Wenn du dir dieser drei Dinge ständig bewusst bist, dann ist dieses Auflösen möglich. Das Erste ist: Du musst einen unermüdlichen Durst haben nach der Fragestellung „Wer bin ich". Habe ich eine abgetrennte Existenz? Bin ich getrennt, vom Leben isoliert, bin ich ein Teil, eine isolierte Existenz? Oder ist es eine integrierte Existenzweise? Ich atme, aber der Atem ist nicht der meine. Dieser Ozean voller Atem, der um mich herum ist, die Luft, von der der Atem kommt und geht. Wenn die Luft stoppt und sagt: „Genug ist genug, ich mag jetzt keine Beziehung mehr zu den Menschen haben", in diesem unmittelbaren Moment wirst du und ich nicht mehr sein. Das Leben wird verschwinden.

Die Sonnenstrahlen kommen aus ungefähr hundertfünfzig Millionen Kilometern Entfernung, wenn sie uns erreichen. Wenn die Sonne entscheiden sollte, sich abzukühlen, weil das jetzt lange genug gewesen wäre, dann würden wir nicht einmal mitkriegen, dass sie sich abgekühlt hat, denn in dem Moment, wo sie sich abgekühlt hat, würden wir aufhören zu leben. Diese Sonnenstrahlen ergießen das Leben über dich aus einer Entfernung von hundertfünfzig Millionen Kilometern. Unser Lebensursprung ist hundertfünfzig Millionen Kilometer von uns entfernt. Diese Sonnenstrahlen sind unsere Lebensfäden. Wenn sie erlöschen, sind wir gewesen. Aber wir bestehen auf „Ich bin". Nein, ich bin nicht. Die Winde sind, die Sonne ist, die Erde ist, alles ist – wo ist das „Ich bin"? Es ist eine wunderbare Kombination von all dem, es ist das Zusammentreffen von all dem. Es ist die Form, die aus der Kombination von all dem entsteht. Und diese Form steht unter der Illusion „Ich bin".

Es gab einmal einen Mönch, der hieß Nagasena …

Milind, der Kaiser, hatte ihn eingeladen. Ein Bote des Kaisers suchte ihn auf, überbrachte die Einladung und sagte: „Oh Mönch

Nagasena, der Kaiser hat dich eingeladen. Wir haben uns bereitet, dich zu grüßen. Bitte komme in die Hauptstadt."

Der Mönch Nagasena sagte: „Ich werde natürlich kommen. Ich nehme die Einladung an. Bitte richte aber dem Kaiser aus, dass es diesen Mann Nagasena nicht gibt. So eine Person wie den Mönch Nagasena gibt es nicht."

Der Bote war schockiert. Er dachte: „Wer wird denn dann kommen? Wer hat denn die Einladung angenommen?" Aber er fand es nicht angemessen, irgendetwas zu sagen.

Er ging und berichtete alles dem Kaiser. Auch der Kaiser war schockiert. Er sagte: „Wir wollen abwarten und sehen, was geschieht. Wenn er kommt, werden wir ihn fragen, was das bedeuten soll." Ein Wagen war geschickt worden, um den Mönch zu bringen. Der Mönch kam und saß elegant in dem goldenen Wagen.

Nagasena kann kein mittelmäßiger Mönch gewesen sein, einer, der sagt, dass er Gold nicht anfassen würde. Wäre er so einer gewesen, hätte er gesagt: „Ich werde Gold nicht berühren, Gold ist Staub." Das ist sehr interessant, dass ein mittelmäßiger Mönch Gold als Staub ansieht und entsprechend davor zurückschreckt, es zu berühren. Nein, er muss ein wunderbarer Mönch gewesen sein. Auch für ihn muss Gold Staub gewesen sein. Aber er saß stolz im goldenen Wagen. Die, die ihn abgeholt hatten, erwarteten, dass er sagen würde: „Ein goldener Wagen! Nein, da setze ich mich keinesfalls hinein." Sie wussten nicht, dass das ein Merkmal eines mittelmäßigen Mönchs war – ein goldener Wagen – und sie setzen sich nicht hinein. Diejenigen, die Angst haben, vom Gold verführt zu werden, sind auch diejenigen, die davor weglaufen. Lassen wir sie laufen!

Er saß also im Wagen und es ging los. Sie kamen in die Hauptstadt. Der Kaiser kam ans Tor, um ihn zu begrüßen und sagte: „Oh Mönch Nagasena, wir begrüßen dich in unserer Stadt."

Nagasena fing an zu lachen. „Ich danke für die Begrüßung, aber es gibt keinen Mönch Nagasena."

Der Kaiser sagte: „Wieder die gleiche Geschichte. Ich dachte, wir würden dich in den Palast bringen und dich dann fragen, aber nachdem du dieses Thema gleich am Eingangstor aufbringst, lass mich dich jetzt gleich fragen, was du damit meinst. Wenn du nicht der Mönch Nagasena bist, wer bist du dann?"

Der Mönch stieg aus und fragte: „Hoheit, ist das ein Wagen?"

Der Kaiser antwortete: „Ja, das ist ein Wagen."

Der Mönch sagte: „Lass die Pferde ausspannen."

Die Pferde wurden ausgespannt, und der Mönch fragte: „Sind diese Pferde der Wagen?"

Der Kaiser sagte: „Nein, die Pferde sind nicht der Wagen; lass die Pferde gehen."

Dann wurden die Räder des Wagens abgenommen und der Mönch fragte: „Sind diese der Wagen?"

„Nein", sagte der Kaiser, „diese Räder sind nicht der Wagen." „Nimm sie weg."

Eins nach dem andern wurden alle Teile des Wagens weggebracht und der Mönch fragte jedesmal: „Ist das der Wagen? Ist jenes der Wagen?" Und der Kaiser sagte jedesmal: „Nein, nein, das ist nicht der Wagen." Bald war der ganze Wagen verschwunden, und da war nur Leere; nichts war übrig geblieben anstelle des Wagens.

Und dann fragte der Mönch: „Wo ist der Wagen? Ich habe dich über alles und jedes gefragt, und du antwortetest, ‚Nein, das ist das Rad, das ist die Achse, das ist das, das ist jenes, dieses sind die Pferde, und jetzt sind all diese Dinge, die nicht der Wagen waren weg, also: Wo ist jetzt der Wagen? Ist irgend so etwas wie ein Wagen übrig geblieben? Wo ist der Wagen hin?"

Der Verstand des Kaiser wurde ganz konfus.

Der Mönch sagte: „Es gab gar keinen Wagen. Der Wagen war nur eine Ansammlung, nur ein Name und eine Form. Genauso bin auch ich nicht; ich bin das Aufeinandertreffen der Kräfte des Unendlichen. Eine Form taucht auf, löst sich dann wieder auf, taucht dann wieder auf und löst sich dann wieder auf. Eine Welle entsteht und verschwindet dann wieder."

Nein, ich bin nicht. Ich bin so wie der Wagen gewesen ist. Ich bin nicht so, wie der Wagen nicht ist. Wenn die Sonne ihre Strahlen zurückbehält, wenn die Erde ihre Säfte zurückbehält, wenn die Winde ihre Energie wegnehmen, wenn der Ozean der Bewusstheit sein Wesen bei sich behält, wer bin ich dann?

Ich bin nur eine Kombination, ich bin wie der Wagen. Es gibt sehr Vieles, was zusammengekommen ist, so viele Linien haben sich in einem Punkt gekreuzt, und so ist dieser Punkt sichtbar geworden, an einer Stelle, wo ursprünglich nichts ist; vielmehr ist es nur eine Kreuzung von Linien. Eine Linie wurde gezogen, dann eine andere, dann wieder eine weitere, tausende von Linien sind gezogen worden und in der Mitte sieht es aus, als wäre ein Punkt vorhanden. Wo sich nur Linien gekreuzt haben, ist ein Punkt entstanden. Aber es gibt keinen Punkt, es ist nur eine Kreuzung von Linien da.

Zwei Linien haben sich gekreuzt und haben den Eindruck von einem Punkt hervorgerufen, aber da gibt es keinen Punkt, nur eine Kreuzung von Linien. Es gibt ein Kreuzen von Straßen, mehrere Straßen haben sich an dieser Stelle gekreuzt und man nennt sie Kreuzung. Existiert denn „Kreuzung“ als solche irgendwo? Vier oder mehrere Wege kreuzen sich und wir nennen das eine Kreuzung, aber eine Kreuzung gibt es in Wirklichkeit nirgendwo.“

Das Individuum ist nirgendwo. Die unendliche Energie und die Kräfte treffen sich, und der Mensch entsteht, ein Individuum, das nichts anderes ist als nur ein Ego, ein Egozentrum.

Es ist von Bedeutung, festzustellen, was diese Idee des „Ich bin“ ist. Wenn wir ein Blatt an einem Baum fragen, wird es sicherlich sagen: „Ich bin“. Und dann, wenn wir nach den Blättern am nächsten Ast fragen, dann wird das Blatt sagen, die seien von ihm getrennt. Wie kann es wissen, dass die Blätter am nächsten Ast von der gleichen Quelle kommen wie es selber? Dieses „Die Klänge meines Seins laufen im selben Ast zusammen, mit dem die Klänge der Existenz verbunden sind.“ Wie kann ein Blatt das wissen?

Wir stehen entfernt und können überblicken, wie närrisch ein Blatt ist, wenn es sagt: „Ich bin, und dieses Blatt da ist von mir getrennt“, obwohl beide Blätter vom selben Baum stammen. Wenn wir einen Ast eines Baumes fragen: „Wie ist es denn mit dem anderen Ast“, so wird der sagen: „Mag sein, dass es einen anderen Ast gibt, ich hab immer Angst vor ihm. Wer weiß, in welcher Weise er sich mir gegenüber feindlich verhalten könnte. Wer weiß, was er tun könnte? Kann sein, dass es einen anderen Ast gibt, aber ich bin von ihm getrennt.“

Wie können die Äste wissen, dass sie mit demselben Baum verbunden sind? Wenn wir den Baum nach dem Nachbarbaum fragen, wird er sagen: „Der ist von mir getrennt, ein Feind.“ Aber woher kann der Baum wissen, dass ihre Wurzeln in derselben Erde miteinander verbunden sind und dass sie durch das gleiche Leben miteinander eins sind? Wenn ihr die Erde fragt: „Und du?“ – auch die Erde wird sagen: „Ich bin“ und diese Sterne, dieser Mond, und diese Planeten sind abgesondert. Aber wie kann die Erde wissen, dass alle diese Sterne, der Mond und diese Planeten vereint sind in derselben Lebensenergie. Alles Leben ist in Einem zusammengefasst, und dieses Eine wird Göttlichkeit genannt.

Das zweite Tor ist Freundlichkeit. Geh darauf zu, denn es ist der Eingang ins Einssein. Dieses Eine wird Göttlichkeit genannt, und der größte Schritt darauf zu ist Freundlichkeit. Freundlichkeit aber wird nur geschehen, wenn wir das „Ich“ erkunden und entdecken: Ich bin nicht – das ist das Eine. Das Zweite ist: Es reicht nicht, einfach nur darüber nachzudenken. Man kann alles Mögliche darüber denken, aber denken reicht nicht; es ist wichtig, dass es zur Erfahrung wird. Freundlichkeit ist nicht so was wie ein philosophisches Konzept. Es ist eine Erfahrung; es ist das existenzielle Erfahren. Wenn du also anfangen willst zu spüren, dass du nicht bist, dann ist es wichtig, dass du ein paar Experimente machst.

Setze dich unter einen Baum. Es ist wichtig, zu spüren „Ich bin nicht“. Und ich sage dir, es wird ein Augenblick kommen, und du wirst spüren, dass du und der Baum eins ist. Sitze am Meeresstrand und fühle „Ich bin nicht“, und auf einmal wird eine Welle kommen und dich überraschen und du wirst spüren, du bist die Welle, du bist das Rauschen der Welle. Setz dich neben eine Blume und spüre „Ich bin nicht", und du wirst in dir spüren, wie die Blume dein Sein übernommen hat. Nur die Blume ist noch da, du bist nicht. Nimm die Hand einer anderen Person in deine Hand und fühle „ich bin nicht", und du wirst feststellen, dass da gar keine zwei Hände mehr sind. Auf einer bestimmten Ebene sind sie miteinander verbunden; sie sind eins geworden. Auf der Ebene des Denkens musst du wissen „ich bin nicht", und auf der Ebene der Erfahrung musst du spüren „ich bin nicht", und so wird dann diese Einheit zu einer lebendigen Erfahrung. Du musst immer und immer wieder spüren – in der ganzen Weite des Lebens – „ich bin nicht".

Eines Tages ...

Ramakrishna überquerte gerade den Ganges von Dakshineshwar. Er hatte sich gesetzt und das Boot fing an sich vorwärts zu bewegen. Plötzlich rief er ganz laut: „Schlagt mich nicht, schlagt mich nicht!" Die Leute, die neben ihm saßen, waren sehr überrascht. Ein paar Freunde von ihm waren auch dabei. Sie fragten ihn: „Paramhansa, was sagst du denn da? Wer schlägt dich denn? Wir würden dich doch nie schlagen."

Aber Ströme von Tränen flossen aus seinen Augen und er rief: „Schlagt mich nicht. Was habe ich euch denn Böses getan?"

Wenn ihr dabei gewesen wäret, ihr wäret auch so überrascht gewesen, und hättet vielleicht geglaubt, er sei verrückt geworden. Niemand schlug ihn, keiner hatte ihn überhaupt berührt und er schrie, Tränen flossen aus seinen Augen. Und das Überraschendste war, er fasste sich an den Rücken und rief weiter: „Schlagt mich nicht, schlagt mich nicht!"

Als man seinen Rücken anschaute, waren da Zeichen von Peitschenhieben und die Haut hatte sich abgelöst. Man konnte ihn also nicht wirklich für verrückt halten. Als sie aufschauten, konnten sie auf der anderen Seite des Flusses sehen, wie Leute einen Mann auspeitschten. Drüben angekommen gingen sie zu diesem Mann und sahen auf Ramakrishnas Rücken und auf dem Rücken des Mannes die gleichen Wunden. Sie waren verblüfft. Sie fragten Ramakrishna, was denn passiert sei. Ramakrishna sagte: „Als sie anfingen, ihn zu schlagen, ging ich gerade auf das Boot. Sie schlugen ihn mit Peitschenhieben. Ich weiß nicht, was passiert ist. Auf einmal kam mir so etwas wie dieses „Schlagt mich nicht, schlagt mich nicht!“.

So viel Mitgefühl, eine derartige Identifikation. So wird es passieren. Mitgefühl wird so ein großes Ausmaß erreichen. In Europa gab es Hunderte, ja Tausende von christlichen Mystikern. Sogar heute gibt es noch einige, und Millionen von Leuten versammeln sich um sie.

Jesus war an einem Freitag gekreuzigt worden, Nägel waren mit Hämmern in seine Hände und Füße geschlagen. Jedes Jahr setzen sich diese Mystiker an diesem Tag nieder, schließen ihre Augen und falten ihre Hände. Zu der gleichen Zeit, zu der Jesus gekreuzigt worden war und die Nägel hineingeschlagen worden waren und Blut von seinen Händen geflossen waren, fließen auch Ströme von Blut von ihren Händen.

Es wurden sorgfältige medizinische Untersuchungen angestellt, denn im Westen glaubt niemand an so etwas. Viele Ärzte haben das sorgfältig untersucht; das war kein Betrug. Wie können ihre Hände bluten? Das war physisch real, ihre Hände fingen an zu bluten. So viel Mitgefühl, so viel Empathie kann sein, dass sie sich in dem Moment mit Jesus identifizierten. Sie sind Christus geworden, sie sind gekreuzigt worden. In diesem Moment sind sie gekreuzigt worden.

Gefühle können dich in so eine existenzielle Identifikation bringen. Allein das daran Denken kann reichen. Ihr müsst experimentieren, damit diese Gefühle dann in euer Leben tiefer hineinreichen und du sie von daher auch tiefer kennenlernst. Dann, und nur dann wirst du wissen, dass alles in und um dein Leben herum miteinander in Verbindung steht. Wir haben diese Verbindung zur Freundlichkeit bloß noch nicht hergestellt.Und im Übrigen: Das Leben ist ein Fluss – es kommt, es geht. Alles Leben ist eins. Das ist die zweite Erfahrung der Freundlichkeit.

Und das Dritte ist: Weder Gedanken noch Gefühle reichen aus. Das Dritte ist die aktive Manifestation der Freundlichkeit, Freundlichkeit in Aktion. Im Sitzen, im Stehen, im Gehen – ein Leben der manifestierten Freundlichkeit.

Was bedeutet Freundlichkeit in Aktion? Nur das ist ein religiöses Leben. Was wir ein religiöses Leben nennen, ist ein Leben in Freundlichkeit. Lasst die Freundlichkeit tief in unsere Taten, Gedanken, Gefühle hineinfließen. Was auch immer wir tun, da gibt es nur ein Fundament dafür und nur ein Motiv dahinter: Freundlichkeit. Ich lebe für Freundlichkeit und ich sterbe für Freundlichkeit. Ich atme dafür, mein Herz schlägt dafür. Das ist die dritte Ebene von Freundlichsein.

Überall um uns herum ist so viel Schmerz, so viel Leid, so viel Angst im Leben. Wie hässlich dieses Leben ist, wie verkrüppelt, wie gelähmt dieses Leben ist von allen Seiten, allerorts. Wie viele Wunden es gibt, wie viele Schmerzen sich überall ausbreiten. Meine Freundlichkeit muss zum Ausdruck gebracht werden: selbst wenn ich nur ein kleine Wunde heilen kann, selbst wenn ich jemandem nur einen kleinen Schmerz ersparen kann, selbst wenn ich nur einen kleinen Stachel, oder einen Stein aus seinem Weg räumen kann, wenn ich eine Leiter im Leben von jemanden errichten kann – was auch immer ich tun kann für das Leben um mich herum. Meine Freundlichkeit muss manifest werden, damit ich in der ganzen Fülle Freundlichkeit erleben kann, in allen drei Dimensionen, in der Höhe, in der Tiefe, in der Breite. Damit ich jemandem im Denken, im Fühlen und in meinem Ausdruck vielleicht auch nur einen kleinen Schmerz ersparen kann.

Das muss man nicht weiter ausführen. Wir sind uns alle des Leids auf dieser Welt bewusst. Wir alle sind uns bewusst, wie überall um uns herum das Leben mit Schmerz angefüllt ist. Da muss man nicht groß reden. Eine kleine Geste, ein Lächeln in den Augen, eine warme Begrüßung kann jemanden von seiner tiefsten Not befreien. Eine bloße Berührung mit deiner Hand kann jemandem seinen tiefsten Schmerz lindern. Aber wir haben vergessen wie man lächelt. Unsere Augen haben aufgehört Liebe auszustrahlen. Unsere Hände senden keine Schwingungen mehr aus, in unserem innersten Sein werden keine Lieder mehr geboren. Wir sind unserem Sein gegenüber nur noch selbstvergessen. Wir leben wie Steine.

Tag ein Tag aus, ohne Unterlass, vierundzwanzig Stunden am Tag ist unser ganzes Sein Zeuge der Schmerzen um uns herum, ist der Wahrnehmung ausgeliefert, dass überall um uns herum Leiden ist und davon ist es zwangsläufig auch betroffen. Es muss den Schmerz um uns herum erleiden, es muss das Elend und die Dornen und diesen Schmerz überall spüren. Dann ist meine Freundlichkeit manifest geworden.

In Japan lebte ein Mystiker. Er hatte einst die buddhistischen Schriften übersetzt. Zum ersten Mal waren die buddhistischen Schriften von Pali ins Japanische übersetzt worden. Er war ein armer Mystiker. Zehn Jahre lang hatte er gebettelt und hatte es fertiggebracht, zehntausend Rupien zusammenzusammeln.

In der Gegend gab es eine Hungersnot. Seine Freunde sagten: „Nein, dieses Geld darf nicht zur Linderung der Hungersnot verwendet werden. Menschen leben, Menschen sterben, so ist der Gang der Welt. Die Worte Buddhas müssen übersetzt werden. Das ist viel wichtiger." Aber der Mystiker fing an zu lachen. Er spendete das Geld für die Linderung der Hungersnot.

Dann fing der alte Mystiker – er war sechzig Jahre alt – wieder an zu betteln. In zehn Jahren hatte er es wieder fertiggebracht, zehntausend Rupien zu sammeln, um die Priester zu bitten, die Übersetzung zu machen. Ohne Geld kannst du keine Priester finden; alle Priester sind käuflich. Also wollten die Priester Geld, um von Pali ins Japanische zu übersetzen. Er nahm also das Geld, aber unglücklicherweise gab es ein Hochwasser und er spendete wieder das Geld.

Seine Mönche sagten: „Was machst du denn? Deine ganze mühevolle Lebensarbeit ist vertan. Hungersnöte treten immer wieder auf, Hochwasserkatastrophen ebenso. Wenn du das Geld immer wieder für derartige Dinge spendest, dann wird die Übersetzung niemals passieren."

Der Mönch lachte. Abermals hatte er diese zehntausend Rupien weggegeben. In der letzten Etappe seines Lebens, in weiteren zehn bis zwölf Jahren, hatte er es fertiggebracht, fünfzehntausend Rupien zu sammeln. Die Übersetzung wurde gestartet und das erste Buch war fertig übersetzt. In das erste Buch hatte er geschrieben „Dritte Ausgabe."

Seine Freunde fragten ihn: „Wo sind denn die ersten zwei Ausgaben? Wann sind sie denn veröffentlicht worden? Bist du denn verrückt? Das ist doch die erste Ausgabe."

Er sagte: „Sie sind veröffentlicht worden, aber es waren gestaltlose Editionen. Sie hatten keine Form. Sie wurden veröffentlicht. Das erste Mal, als die Hungersnot zuschlug, wurden die Worte Buddhas veröffentlicht. Die zweite Ausgabe kam heraus, als das Hochwasser war. Abermals wurden Buddhas Worte lebendig. Aber nur diejenigen, die Freundlichkeit erkennen können, haben diese Ausgaben hören und lesen können. Diese dritte Ausgabe ist die billigste und die gewöhnlichste. Jedermann kann sie lesen, sogar ein Blinder kann sie lesen. Aber die ersten beiden können nur von denen gelesen worden sein, die die Augen der Freundlichkeit haben."

Überall um uns herum ist das Leben voller Schmerz und Leid. Die Ausgaben der Freundlichkeit, das Ausdrücken der Freundlichkeit muss mehr und mehr manifest werden. Jede Person muss für sich selber entscheiden, auf welche Art und Weise seine Freundlichkeit manifest wird und in Fluss kommt. Man muss sich also dieser drei Dinge erinnern in Bezug auf Freundlichkeit.

Lasst es mich wiederholen. Mitgefühl ist formlos, eine Wolke voller Wasser, die sich über den Himmel ausbreitet. Freundlichkeit ist der Regen, der auf die Erde hernieder kommt und tief in die Erde eindringt.

Mitgefühl ist ein Gefühl; Freundlichkeit ist seine Manifestation. Mitgefühl ist die Seele; Freundlichkeit ist der Körper. Mitgefühl wird innen geboren, es ist das Zentrum. Freundlichkeit ist der Ausdruck, das Drumherum. Diejenigen, deren Mitgefühl zu Freundlichkeit geworden ist, treten in das zweite Tor des Göttlichen ein.

Über die anderen beiden Tore werden wir später sprechen.

Jetzt setzen wir uns zur Morgenmeditation nieder.

Nachdem ihr euch hingesetzt habt halten diejenigen, die ihre Augen halbgeschlossen halten können, ihre Augen halb geschlossen, sodass sie gerade noch ihre Nasenspitze sehen können. Wer das auch nur ein wenig unangenehm empfindet, kann die Augen ganz schließen.

Wir lassen unseren Körper vollkommen entspannen und richten unser ganzes Sinnen in unser Inneres hinein, indem wir uns fragen: „Wer bin ich?" Diese Frage: „Wer bin ich?" musst du mit einer derartigen Intensität an dich richten, dass jede Zelle und jede Faser deines Seins zu vibrieren beginnt. Lass diesen Klang in jeder Faser deines Körpers widerhallen. Stimme in jedem Atemzug, in jedem Herzschlag nur einen einzigen Refrain an: „Wer bin ich?"

Du musst ununterbrochen fragen, wie einer, der Steine bricht und auf sie ununterbrochen mit einem Hammer einschlägt. Du musst ohne Unterbrechung weiter hämmern - „Wer bin ich? Wer bin ich?" Ganz langsam bleibt nur noch diese Frage übrig und du selber bist nicht. Nur die Frage „Wer bin ich?" ist noch da.

Wenn unsere Rufe und unsere Befragung den Höhepunkt erreicht, dann ist das, was in uns ist, Göttlichkeit. Göttlichkeit ist das Gleiche in allem. Wir müssen die Fragestellung unmittelbar darauf ausrichten, das muss immer ein und derselbe Appell sein. Unsere ganze Arbeit ist nichts außer diesem: Wir nehmen diese Fragestellung in die Tiefe unseres Seins hinab, und dort ist die Antwort. Sie wird kommen; sie wird kommen, ganz von selbst.

Es ist Wasser in einem Brunnen. Wir lassen unseren Eimer an unserem Strick hinab ins Wasser und er füllt sich ganz von selber. Der Strick und der Eimer der Fragestellung muss genau da hinunter gebracht werden, hinab zu dem Punkt, der voller Bewusstsein und Wissen ist, hinab zu dem Punkt, wo nur eine Existenz ist. Du musst mit einer derartigen Eindringlichkeit fragen, dass all die Hindernisse aufbrechen und die Frage bis in diese letzte Tiefe hineindringt.

Wenn du voller Eindringlichkeit fragst, dann wird der Ozean das gleiche fragen: „Wer bin ich?" Diese Zypressen werden das Gleiche fragen. Es wird einen Sturm geben: „Wer bin ich? Wer bin ich?", von allen Seiten. Wenn du in diesem Sturm zitterst, hab keine Angst. Wenn dir die Tränen kommen, hab keine Angst. Wenn du zu weinen anfängst, hab keine Angst. Wenn du umfällst, fürchte dich nicht, frage weiter, so intensiv wie du nur kannst, frage immer weiter.

Ein gewaltiger Frieden wird sich aus dieser Fragestellung heraus aufbauen. Dein Sein wird sich in dieser intensiven Frage langsam entspannen. Es muss deine Erfahrung werden, du kannst durch eine wunderbare Erfahrung hindurch gehen. Es hängt an uns, wie intensiv wir uns fragen können.

Lasst uns jetzt also niedersetzen. Du kannst deine Augen halb geöffnet haben oder geschlossen. Lass deinen Körper völlig locker. Erlaube deinem Körper völlig entspannt zu sein. Dann frage deine ganze Existenz: „Wer bin ich?" Mit aller Kraft frage: „Wer bin ich?" Mit all deiner Entschlossenheit frage: „Wer bin ich?"

Frage weiter mit äußerster Intensität. Mit aller Intensität frage: „Wer bin ich? Wer bin ich?" Aus jedem Bereich deines Seins frage weiter: „Wer bin ich? Wer bin ich? Wer bin ich? Wer bin ich?" Frage mit deiner ganzen Energie, keine Spur deiner Energie soll unbeteiligt sein, gebrauche deine ganze Energie. Frage „Wer bin ich? Wer bin ich?" Rüttle dein ganzes Sein auf, rüttle deine ganze Lebenskraft auf, und stelle sicher, dass dieser Pfeil - „wer bin ich?", dein ganzes Sein durchdringt. Frage dich „Wer bin ich? Wer bin ich? Wer bin ich? Wer bin ich?"
Zehn Minuten lang frage dich das.

Ein Feuer sollte in uns brennen - „Wer bin ich? Wer bin ich?" Nicht in einer entspannten Art und Weise, nicht langsam, frage dich vielmehr mit deiner vollen Kraft. Mit der Stimme all deiner Lebensenergie frage: „Wer bin ich?" Lass dein ganzes Sein davon widerhallen: „Wer bin ich?

Wer bin ich? Wer bin ich?" Mit all deiner Kraft, mit deiner ganzen Entschlossenheit nur eine einzige Fragestellung: „Wer bin ich? Wer bin ich? Wer bin ich?" „Wer bin ich?" Es sollte nicht einmal eine Spur von deiner Energie übrig bleiben. Mit all deiner Stärke wirf dich in die Energie von diesem „Wer bin ich?" hinein.

Frage, frage, frage einfach nur: „Wer bin ich?" Lass deine ganzen Ängste los. Frage: „Wer bin ich?" Schmeiße all deine Sorge über Bord. Frage: „Wer bin ich?" Nur noch diese Frage sollte bleiben. Jeder Atemzug muss mit „Wer bin ich?" angefüllt sein. Tiefer, tiefer, mit noch größerer Radikalität: „Wer bin ich? Wer bin ich? Wer bin ich? Wer bin ich? Wer bin ich?" Frage mit noch größerer Entschiedenheit, mit noch mehr Tiefe. Kein Yota an Kraft sollte übrig bleiben, deine ganze Seele sollte fragen: „Wer bin ich?" Reiße alle Barrieren in deinem Innern ein: „Wer bin ich?"

Frage, frage, frage: „Wer bin ich? Wer bin ich? Wer bin ich? Wer bin ich?" Wir können nicht für eine winzige Sekunde entspannen. Wer weiß, vielleicht ist das jetzt unser letzter Moment. Frage mit deiner kompletten Energie „Wer bin ich? Wer bin ich? Wer bin ich?"

Kümmere dich nicht darum, ob Tränen fließen, wenn dir zum Weinen ist, frage weiter. Achte auf nichts anderes, sei nur auf dich selber ausgerichtet. Frage: „Wer bin ich? Wer bin ich? Wer bin ich?"

Du sollst später nicht sagen können, du hättest dich nicht radikal genug gefragt: „Wer bin ich? Wer bin ich? Wer bin ich? Wer bin ich?" Frage dich weiterhin mit aller Intensität. Wecke die Frage in all ihrer Tiefe wach. Eine Stille wird aus sich selbst heraus entstehen. Von der gleichen Intensität, die deine Frage hatte, wird auch deine Stille sein. „Wer bin ich? Wer bin ich? Wer bin ich?" Frage weiter, frage weiter.

Der Mind wird still, der Mind wird vollständig still. Nach dem Wüten eines Sturms legt sich tiefe Stille über das Land.

Lass diesen Sturm über dich hinweg ziehen. Frage: „Wer bin ich? Wer bin ich?"

Schließlich wird Frieden, Leichtigkeit und Stille bleiben. Erlaube diesem Sturm anzuschwellen und dich mit sich zu nehmen: „Wer bin ich? Wer bin ich? Wer bin ich?"

Und jetzt nimm langsam ein paar tiefe Atemzüge, nimm langsam ein paar tiefe Atemzüge. Mit jedem Atemzug wirst du eine herrliche Stille in dir spüren. Nimm langsam ein paar tiefe Atemzüge. Und dann öffne langsam deine Augen... Öffne langsam deine Augen.

Die Morgensitzung ist hiermit beendet.

Kapitel 5

Sobald der Verstand still wird, kommt die Antwort

„Osho, wenn zu uns jemand liebevoll ist, dann können wir zu ihm auch liebevoll sein. Wie können wir aber zu jemandem liebevoll sein, der nicht liebevoll zu uns ist, sondern sogar versucht, uns in jeder möglichen Weise zu verletzen?"

Wenn wir erst einmal schauen, wer uns liebt und wer uns verletzt, sind wir nicht liebevoll. Wenn wir liebevoll sind, dann macht es keinen Unterschied, wer uns liebt und wer uns verletzt. Wenn es unsere Seinsweise wäre, liebevoll zu sein, dann würde es keinen Unterschied machen, wer sich wie auch immer uns gegenüber verhält. Aber wir sind nicht liebevoll. Wenn uns jemand liebt, dann kriegen wir es hin, voller Liebe zu sein, aber wenn uns jemand nicht liebt, dann sind wir voller Hass.

In unserem Leben ist Liebe nicht unsere Seinsweise; Liebe ist eine unserer Antworten. Wenn uns jemand liebt, antworten wir darauf mit Liebe, aber nur sehr äußerlich, nicht aus der Tiefe unseres Seins. Wenn Liebe aus der Tiefe unserer Existenz kommt, dann macht es keinen Unterschied, wer sich wie auch immer uns gegenüber verhält. Liebe wird nicht verlangen, dass du zuerst geliebt werden musst, nur dann wirst du darauf reagieren. Derartige Bedingungen haben mit Liebe nichts zu tun. Gegenwärtig sagt das, was wir Liebe nennen: „Wenn du liebst, dann werde ich auch lieben." Wenn wir geliebt werden, mögen wir das, also lieben wir auch. Wenn wir nicht geliebt werden, fühlen wir uns schlecht, und als Antwort lieben wir nicht.

Die Liebe, von der ich spreche, ist eine Liebe, die unsere Seinsweise geworden ist. Es ist wichtig, diesen Unterschied zu verstehen. Diejenigen, deren Herz in Liebe gegründet ist, lieben es, zu lieben.

Liebe zu geben ist für sie eine Freude, liebevoll zu sein ist für sie Glückseligkeit. Es wird zu einer innerlichen Befindlichkeit aus Freude und Glücksgefühlen; nur das Weitergeben der Liebe allein macht sie selig. So wie Wolken mit Wasser angefüllt sind und sie regnen, so wie eine Blume blüht und ihren Duft verbreitet, so wie eine Lampe angezündet worden ist und ihr Licht ist überall, in vergleichbarer Weise wird ein Wesen, das von Liebe überfüllt ist, sie weitergeben. Dann gibt es für uns keine Notwendigkeit, geliebt zu werden; dann geben wir unsere Liebe weiter. Es bleibt nur diese einzige Möglichkeit: die Liebe weiterzugeben. Die Person, die kommt und wie ein Feind vor uns steht, kann ja meinen, sie sei ein Feind, aber ein liebevolles Herz kann ihn nicht so sehen. Ein liebevolles Herz wird ihn nur als jemanden sehen, der verrückt ist, krank, ungesund, nicht ganz bei Trost. Mit dem Armen ist etwas falsch gelaufen.

Du hast sicherlich von Mansoor gehört. Er ist gehängt worden. Ungefähr eine Million Leute hatten sich am Hinrichtungsplatz eingefunden. Die Leute warfen Steine auf ihn und beschimpften ihn – und Mansoor lachte. In dem Moment, als er gehängt wurde, faltete er seine Hände zum Gebet und sagte zu Gott: „Schau dir diese lieben Freunde an. Sie meinen, wenn sie mich töten, wenn sie mich ermorden, würdest du sie mir vorziehen, aber diese Armen, diese Narren wissen ja nicht was sie tun."

Jesus wurde gekreuzigt. Als er gekreuzigt wurde, fragte man ihn, ob er irgendetwas zu sagen hätte. Jesus sagte: „Oh Herr, vergib ihnen, denn sie wissen nicht was sie tun." Das liebende Herz von Jesus, sein Herz voller Liebe, konnte es nicht verstehen, dass sie seine Feinde wären, dass sie ihn misshandelten, dass sie alle ihre Feindseligkeit gegen ihn herausriefen und dass sein Herz diesen Menschen gegenüber voll Hass sein sollte. Wenn einmal Liebe im Herzen aufgegangen ist, dann kann, komme was da wolle, Hass keinen Weg mehr in dieses Herz hinein finden.

Es gab einmal eine Mystikerin, Rabiya. In ihren religiösen Schriften stand irgendwo „Hasse den Teufel." Sie strich diesen Satz aus. Nun kann man natürlich religiöse Schriften nicht ausbessern.

Als ein anderer Mystiker einmal zu Gast bei ihr war, las er in ihren Schriften und sah diese Ausstreichungen. Er war sehr überrascht. Wer hatte wohl diese Korrekturen gemacht? Er fragte Rabiya, wer denn diesen Satz ausgestrichen hätte. Sie sagte: „Niemand sonst als ich. Ich war in großen Schwierigkeiten, also musste ich das tun."

Der Mystiker fragte: „Was für große Schwierigkeiten? Es ist unbedingt richtig, den Teufel zu hassen."

Rabiya sagte: „Das ist richtig. Als die Liebe in meinem Herzen nicht aufgegangen war, fühlte sich das auch richtig an. Aber jetzt stecke ich in der Klemme. Seit die Liebe in meinem Herzen aufgegangen ist, ist es mir unmöglich geworden zu hassen. Den Teufel zu hassen ist richtig, aber wie kann ich jetzt hassen? Es ist kein Hass mehr in mir übrig, jeder Punkt in meinem Herzen ist voller Liebe. Wo soll ich denn da Hass finden? Nein, jetzt bin ich unfähig geworden zu hassen. Selbst wenn der Teufel vor mir stehen würde, ich könnte nichts anderes tun, als ihn zu lieben, weil jetzt nur noch Liebe in mir übrig geblieben ist. Möglicherweise wäre ich nicht einmal mehr in der Lage, zu erkennen, was Teufel ist und was Liebe. Wie können denn liebevolle Augen überhaupt unterscheiden was was ist?"

Wir wissen nicht, was Liebe ist. Was wir Liebe nennen ist Geben-und-Nehmen, ist ein Geschäft. Wir sagen, zuerst gibst du mir Liebe und dann gebe ich dir Liebe zurück. Zuerst verlangen wir und dann erst geben wir. Das alles ist nichts als ein Geschäft, reine Kalkulation. Kann es in der Liebe Kalkulation geben? Kann Liebe sagen: „Wenn du mich liebst, aber nur dann …? Nein, Liebe hat das niemals gesagt. Nur die, die nicht mit Liebe vertraut sind, welche die Worte der Liebe nur aufsagen, die über Liebe reden, aber in deren Herzen die Magie der Liebe noch nicht aufgeblüht ist, die Alchemie der Liebe noch nicht geboren wurde, der Frühling der Liebe noch nicht erwacht ist – nur so jemand kann so etwas sagen. Liebe ist immer bedingungslos. Sie stellt niemals die Bedingung, dass Liebe nur dann geschieht, oder dann … Wann immer ein Grund, wann immer eine Bedingung da ist, dann handelt es sich immer um ein Geschäft.

Wo ist Liebe? Liebe sagt nur: „Jetzt fließe ich über vor Liebe, was kann ich machen? Ich werde meine Liebe weitergeben. Alles, was ich habe, ist Liebe, und Liebe ist alles, was ich zu geben habe."

Nein, der Liebe ist es nicht möglich, nachzusehen, wer mich verletzt. Im Gegenteil, nur das Gegenteil kann geschehen. Jesus ging durch ein Dorf. Auf einem überlaufenen Marktplatz biss ihn ein tollwütiger Hund. Die Leute liefen zusammen, griffen sich den Hund und sagten: „Töte ihn. Wer weiß, wie viele er noch beißen wird?" Aber Jesus tätschelte dem Hund liebevoll den Rücken.

Die Leute sagten: „Dieser Mann scheint noch verrückter zu sein als der Hund. Der Hund hat ihn so tief in den Fuß gebissen, dass Blut aus der Wunde geflossen ist, und er tätschelt den Hund."

Jesus sagte: „Freunde, ihr seht nur, dass er mich in den Fuß gebissen hat, ihr seht nicht was für blendend weiße Zähne er hat, so sauber, so schön. Niemand von euch hat so schöne Zähne."

In dem Moment rief jemand aus der Menge: „Dieser Mann muss Jesus sein. Es gibt nur einen einzigen Menschen, der, selbst wenn er von einem Hund gebissen worden ist, nur die Schönheit seiner Zähne sieht und nicht die Wunde an seinem Fuß. Da gibt es keinen Zweifel, dieser Mann kann nur Jesus sein."

Da spricht jede Wahrscheinlichkeit dafür: Wenn das Herz vor Liebe leuchtet, dann kannst du sogar in einem Hund, der dich gebissen hat, etwas sehen, wofür du dankbar bist. Wenn Liebe in deinem Innern ist, dann wirst du so was sehen können, wenn keine Liebe in dir ist, dann wird das eher schwierig sein – und es ist keine Liebe in uns.

In dem Zusammenhang hat ein Freund die Frage gestellt …

Osho, es ist richtig, dass wir voller Liebe und Mitgefühl sein sollten, aber wenn ein anderes Land uns angreift oder eine andere Nation marschiert in unser Land ein, wie können wir dann mitfühlend bleiben? Wie ist es dann möglich, liebevoll zu sein?

Die Wahrheit ist: Wenn ein Land, eine Gesellschaft, liebevoll wird, dann wird kein Land wie ein anderes Land erscheinen. Ein anderes Land erscheint wie ein anderes Land, weil unsere Herzen nicht voller Liebe sind. Alle diese Grenzen, die die Welt aufteilen, sind Grenzen, die in Feindseligkeit gezogen wurden. Diese Grenzen sind nicht aus Liebe entstanden. Die Grenze, die Indien und Pakistan voneinander trennt, ist eine Grenze des Hasses. Die Grenze, die Indien und China voneinander trennt, wurde nicht von Gott gezogen. Die Erde ist nirgendwo getrennt. Die Menschen haben die Erde aufgeteilt, weil sie voller Hass sind. Diese Sachwalter des Hasses, diese Politiker, diese Unternehmer des Hasses, diese politischen Menschen – Leute, deren Anliegen nur der Hass ist und die von diesem Hass leben –, das sind diejenigen, die die ganze Welt aufgeteilt und die Länder voneinander getrennt haben.

An dem Tag, an dem Liebe auf der Welt ist, wird es keine Länder mehr geben. Länder gibt es, weil keine Liebe da ist. Und immer kann man davon ausgehen, dass, auch wenn wir voller Liebe wären, ein anderer uns bekriegen kann. Diese Angst ist da, weil in der Tat keine Liebe in uns ist. Diejenigen, die nicht lieben, sind immer verängstigt. Und jene, die lieben, erreichen den Zustand der Angstlosigkeit. Sie haben keine Angst, dass der andere angreifen könnte.

Das ist sehr interessant: Indien hat Angst, dass Pakistan angreifen könnte und einen Angriff vorbereitet, und Russland hat Angst, dass Amerika sich auch auf einen Angriff vorbereitet. Überall auf der Welt haben die Leute voreinander Angst. Es ist die Angst voreinander, die den Hass aufrechterhält. Sie bereiten sich weiterhin auf einen Krieg vor, aber kein Mensch sagt ihnen, dass es sehr dumm ist, voreinander Angst zu haben. Lasst uns niedersetzen und ein für allemal entscheiden, dass wir nicht voreinander Angst haben werden. Diese Angst ist nur unsere eigene Dummheit.

Ganz Russland hat Angst vor Amerika und Amerika hat Angst vor Russland. Was für eine Verrücktheit ist denn das? Ist es denn in diesem zwanzigsten Jahrhundert nicht möglich, dass wir das nicht mehr brauchen: vor einander Angst zu haben?

Nein, wir haben nicht einmal so viel Liebe in uns, dass wir in der Lage wären, uns gegenseitig zu verstehen. Länder und Nationen gibt es deshalb, weil es keine Liebe in der Welt gibt. Gäbe es Liebe, gäbe es keine Nation, kein Land, keine Rasse. Liebe wird all diese Krankheiten beenden, aber das ganze Land kann nicht mit einem Mal voller Liebe sein. Also ist es logisch, sich die Frage zu stellen, wenn wenigstens ein paar Menschen liebevoll werden und angegriffen werden, was sollen die dann tun? Dann würde ich sagen, dass man auch mit Liebe kämpfen kann. Ich will von einem kleinen Vorfall berichten, damit ihr das verstehen könnt.

Es gab einmal einen muslimischen Ritter namens Omar …

Er hatte mit einem benachbarten König sieben Jahre lang gekämpft. Wer weiß, wie viele Menschen gestorben sind, wie viele Schlachten ausgetragen worden waren – es war kein Ergebnis erreicht worden. Schließlich kam ein entscheidender Moment im Krieg, Omar hatte den Feind besiegt. Er hatte das Pferd des Königs getötet. Er war über dem Feind und hatte seinen Dolch schon gezückt. In dem Moment, wo er den König mit dem Dolch töten wollte, gerade eine Sekunde, bevor der Dolch auf seinen Körper getroffen wäre, spuckte ihm der Feind ins Gesicht. Omar wischte sich den Speichel ab und sagte: „Mein Freund, wir werden morgen kämpfen. Ich werde jetzt gehen."

Der besiegte Feind sagte: „Bist du verrückt? Das erste Mal seit sieben Jahren hast du die Möglichkeit, mich zu töten. Warum lässt du mich jetzt gehen? Warum willst du diese Gelegenheit verstreichen lassen?"

Omar sagte: „Ich dachte, ich könnte mit dir in Liebe und in Frieden kämpfen, aber weil du mich angespuckt hast, bin ich ärgerlich geworden. Wir werden den Kampf morgen austragen. Jetzt wäre es nicht richtig, den Dolch zu ziehen." Und Omar ließ ihn los.

Er sagte: „Jetzt bin ich wütend. Jetzt ist nicht die richtige Zeit, dich zu töten. Bis jetzt war das Ganze ein Kampf der Grundsätze, es ging um Werte. Ich dachte, ich würde um das kämpfen, was ich als Wahrheit ansah. Aber der Kampf um die Wahrheit kann nur mit Liebe ausgefochten werden, nicht mit Wut. Als du mich angespuckt hattest, wurde ich ärgerlich und wollte dich töten. Das war das erste Mal, dass eine persönliche Abneigung auftauchte. Ich habe keine persönliche Feindschaft mit dir, und es ist auch nicht richtig, persönliche Feindseligkeiten hier hereinzutragen. Ich ziehe mich zurück. Wenn ich bis morgen wieder ruhig bin, werden wir den Kampf wieder aufnehmen. Wenn nicht, dann ist der Kampf vorbei."

Der Feind war bereits besiegt. Er fiel vor Omar nieder. Er konnte sich nicht vorstellen, dass ein Mensch sieben Jahre lang in Frieden kämpfen konnte, und dass ein Mann weder mit Ärger noch mit Gewalt in seinem Innern in der Lage war, für die Wahrheit zu kämpfen.

Diese Möglichkeit kann man so leichter verstehen: man kann mit einem Menschen freundlich bleiben und innerlich in sich Hass oder Ärger in seinem Herzen ihm gegenüber tragen. Du kannst den Eindruck machen, du seiest ein Freund und trotzdem hast du Ärger und Hass in dir. Genau das Gegenteil ist auch möglich. Du kannst wie ein Feind kämpfen und doch hast du Liebe und Mitgefühl in dir. Du hast keine Missgunst, du denkst nicht einmal daran, einer Person zu schaden, mit der du kämpfst. Kampf ist möglich auf der Basis von Wahrheit.

Ein anderer Freund hat gefragt …

Krishna kämpfte eine gewaltige Schlacht. Heißt das, dass er nicht voller Liebe war?

Es ist selten jemand auf dieser Erde gewesen, der so voller Liebe gewesen ist wie Krishna, der so liebevoll gewesen ist wie Krishna. Die Erde wird Millionen von Jahren brauchen, um jemanden hervorzubringen, der so einzigartig ist wie er war. Diese Schlacht fand weder aus Ärger noch aus Hass statt. Diese Schlacht fand um der Wahrheit willen statt, und nur um der Wahrheit willen, sie wurde mit der äußersten Liebe und dem äußersten Frieden ausgetragen. Den ganzen Tag kämpften sie auf dem Schlachtfeld, und am Abend besuchten sie sich gegenseitig in ihren Lagern und unterhielten sich und diskutierten miteinander. Als der Krieg vorüber war – Bhishma lag auf dem Totenbett, mit ihm hatte Krishnas Armee gekämpft – gingen die gleichen Leute, die gegen ihn gekämpft hatten, zu ihm und baten ihn um religiöse Unterweisung. Das waren wundervolle Leute. Sie müssen hervorragend gewesen sein.

Dieser Kampf war kein Kampf aus Hass. Solange es Übel auf der Welt gibt, solange es Sünde gibt auf der Welt, solange es Falschheit und Hass auf der Welt gibt, solange werden die, die voller Liebe sind, weiterhin kämpfen müssen. Sie wollen nicht kämpfen, aber sie sind hilflos; es geschieht immer aus ihrer Hilflosigkeit heraus. Aber selbst in diesem Kampf gibt es keinen Grund, Liebe und Mitgefühl zu vergessen.

Ein Freund von mir kam aus Japan zurück. Er hatte ein Kunstwerk von dort mitgebracht, das Abbild einer männlichen Figur. Er merkte, dass er dieses Werk nicht wirklich verstand, aber er mochte es so gerne, also hatte er es gekauft und brachte es nach Hause. Er zeigte es mir und sagte: „Ich habe nicht verstanden, was diese Figur aussagen soll. Das muss ein seltsames Kunstwerk sein." Die Figur war wirklich sehr eigenartig. Sogar ich war schockiert als ich sie anschaute, aber gleichzeitig war ich auch mit Glücksgefühlen und Freude erfüllt, als ich sie betrachtete.

Es war die Figur eines Soldaten, aber gleichzeitig war es auch die Figur eines Mystikers. In der einen Hand hatte die Figur ein blankes Schwert, und die Widerspiegelung des Schwerts fiel auf die eine Seite des Gesichts, und diese eine Hälfte des Gesichts machte den Eindruck, als wäre es das Gesicht von Arjuna. Man hatte den Eindruck, als wäre diese Reflexion des Schwerts die eine Gesichtshälfte. Die Seite, auf der die Reflexion des Schwerts fiel, glänzte wie das Schwert – mit derselben Brillanz, derselben Leuchtkraft, derselben heldenmütigen Ausstrahlung.

Die Figur hielt in der anderen Hand eine tönerne Lampe, deren Schein auf die andere Hälfte der Figur fiel, die vollkommen anders war. Diese Seite des Gesichts schien die eines Buddhas zu sein – ganz friedlich, ganz still, voller Mitgefühl. Es war das Gesicht desselben

Mannes: ein Schwert in der einen Hand, eine Lampe in der anderen.

Mein Freund fragte mich: „Ich verstehe nicht, was für ein Mann ist das denn?“

Ich sagte: „Die Welt sucht seit Ewigkeit nach einem derartigen Menschen. So ein Mensch wird gebraucht, unerschütterlich wie ein Schwert, voller Heldenmut wie das Schwert; einer der zu einem Schwert werden kann, wenn die Zeit gekommen ist. Aber dieser Mann sollte gleichzeitig auch das Licht des Friedens und des Mitgefühls in sich tragen. In den Händen eines Mannes, der das Licht des Mitgefühls, des Friedens, der Liebe in sich hat, da ist das Schwert keine Gefahr. In seinen Händen wird sogar ein Schwert verheißungsvoll.“

Ein Mensch, der die Finsternis von Ärger und Hass in sich trägt, hat vielleicht kein Schwert, aber selbst ein kleiner Stein in seiner Hand kann zu einer Gefahr werden. Wie ist der Zustand eines Menschen in seinem Inneren? Wenn er ruhelos ist, kann Macht in seinen Händen teuflisch werden, und wenn er innerlich still und ruhig ist, wird die Macht in seinen Händen immer demutsvoll der Existenz überlassen sein. Du brauchst nicht befürchten, dass du weniger heldenhaft wirst, wenn du innerlich ruhig wirst.

Dein Mut und deine Tapferkeit wachsen in dem Maße wie du friedlich wirst, sie werden nicht weniger. Aber es gibt da einen Unterschied. Der ganze Mut eines friedfertigen Menschen, seine ungeminderte Stärke werden im Dienste der Wahrheit stehen, und nicht im Dienste der Lüge. Das ganze Sein eines friedfertigen Menschen ist der Religiosität gewidmet und nicht der Trivialität. Was auch immer einen friedfertigen Menschen ausmacht, er ist immer der Existenz hingegeben. Wenn er in eine Schlacht zieht, wird er mit einem andächtigen Herzen gehen. Selbst wenn ein ruheloser Mensch in einen Tempel geht, hat er kein andächtiges Herz.

Es ist wichtig, dass man den Unterschied versteht. Ein friedfertiger Mensch wird auf einem Kriegsschauplatz immer noch andächtig sein. Falls er anderen gegenüber Widerstand leisten muss, dann deshalb, weil er hilflos ist; es ist ein notwendiges Übel. Er ist voll

Göttlichkeit, voll Andacht, auch den anderen gegenüber. Er wird für ihre Gesundheit beten, für ihr Wohlergehen. Er wird ein Schwert in der Hand halten, aber ein Gebet in seinem Herzen. Ein ruheloser Mensch sitzt im Tempel, hat Gebetsperlen in der Hand, aber er hat keine guten Wünsche für das Wohlergehen aller anderen. Er sitzt da mit seiner Gebetskette, was aber in seinem Innern passiert, das hat keine Andacht, keine Liebe.

Man muss sich nicht täuschen lassen von dem, was jemand in seiner Hand hat. Die Frage ist immer: Was ist in seinem Innern? Man muss friedlich sein, und Macht in den Händen eines friedlichen Menschen kann niemals missbraucht werden.

Wenn Macht in die Hände friedfertiger Menschen gelangt, dann kann vielleicht sehr bald eine Welt entstehen, in der es keine Macht mehr braucht. Wo es Liebe gibt – und wenn es auch noch Frieden gibt –, dann werden sich Nationen auflösen, Nationalitäten werden sich auflösen, Klassen werden sich auflösen.

Es gibt keine Liebe, deshalb all diese Probleme.

Osho, das Ego ist auch für gute Taten notwendig. Wenn es kein Ego mehr gibt, dann wird keiner Gutes tun.

Dieser Freund weiß es nicht. Er weiß nicht, dass solange es ein Ego gibt, man nur an gute Taten denken kann, aber man ist nicht in der Lage sie zu tun. Und solange es ein Ego gibt, wird selbst eine gute Tat sich in kürzester Zeit als schlecht herausstellen; sie wird sich nicht als gut erweisen. Das Ego ist so ein starkes Gift, dass sogar eine gute Tat davon infiziert sein wird. Eine gute Tat, die mit einem Ego ausgeführt wird, kann niemals erfolgreich sein. Das ist ungefähr so, als würde man einen Tropfen Gift in eine Kanne Milch geben, und jemand fragt, was kann denn ein einziger Tropfen ausmachen. Nein, so wenig Gift kann eine ganze Kanne kontaminieren.

Das Ego ist Gift. Was auch immer Gutes in die Tat umgesetzt wird, es wird trotzdem in Gift verwandelt. Viel Gutes ist in der Welt getan worden, aber die Welt ist nicht gut geworden, weil das Ego hinter all diesen guten Taten stand. Schlechtes hat immer hinter guten Taten gestanden. Das Ego kann niemals Gutes tun. Die Wahrheit ist, wenn kein Ego beteiligt ist, dann ist alles, was geschieht, gut. Aber dieser Freund sagt, wenn es kein Ego mehr gäbe, würden alle guten Taten wegbleiben.

Nein. Wer sagt denn das? Wenn das Ego nicht vorhanden ist, dann werden alle möglichen Dinge passieren, nur die falschen werden wegbleiben. Solange es ein Ego gibt sind nur falsche Taten möglich, richtige Taten sind nicht möglich. Was passiert in einer Person, wenn sich ihr Ego auflöst? Sobald das Ego verschwindet löst sich das Gefühl von „Ich tue etwas, ich bin der Handelnde“ auf. Dann entsteht ein neues Gefühl in ihm: „Ich bin nicht, nur die Existenz ist, nur die Existenz handelt.“ Dann tut derjenige etwas nicht mehr mit der Idee des „Ich bin“ dahinter. Nein, er tut das mit dem Gefühl, dass die Existenz handelt. Er tut diese Tat auf eine Art und Weise, dass nicht er es ist, der hinter der Handlung steht – sondern die Gesamtheit des Seins, das Ganze.

Kabir sagte immer: „Seit sich das ‚Ich‘ aufgelöst hat, bin ich ein leerer Bambus geworden. Die Lieder sind die Lieder Gottes, sie fließen nur durch mich hindurch, und die Leute meinen, ich würde sie singen.“

Ein Mensch spielt ein Lied auf einer Flöte. Die Flöte könnte sich einbilden, sie würde singen. Die Flöte ist bloß ein leerer Bambus, sie hat nichts in sich, sie ist nichts als ein Gang, durch den das Lied fließt und sich manifestiert.

Wenn das Ego stirbt, dann lässt sich Göttlichkeit im Kern unseres Seins nieder, dann ist Göttlichkeit die einzig Handelnde. Und was sie auch tut, wie könnte das falsch sein?

Das Falsche wird von dem „Ich“ getan. Und an dem Tag, an dem es sich auflöst, ist alles gut, was auch immer passiert. Das Gute kann man definieren, und so sollte es definiert werden: Die Tat, hinter der kein Ego steht, ist gut, die Tat, hinter der ein Ego steht, ist schlecht.

Ein Mann hat einen Tempel gebaut. Es sieht so aus, als wäre das eine gute Tat; ein Tempel wird errichtet. Aber dann hat er seinen Namen im Herzen des Tempels verewigt – den Namen des Wohltäters – und der Tempel wird zu Gift. Deshalb gibt es so viele unterschiedliche Tempel. Wie können sie Tempel sein, Moscheen, Kirchen, *Gurdwaras*? Wie können diese Tempel alle unterschiedlich sein? Wären die Tempel von egolosen Personen errichtet worden, dann wären alle Tempel gleich.

Dann wären sie alle göttliche Tempel gewesen. Egal wie solche Tempel dann ausgesehen haben mögen – ob sie Minarette oder Kuppeln gehabt hätten, ob die Fenster unterschiedliche Form und Größe hätten –, sie alle wären dem Göttlichen geweiht worden. Sie alle wären göttliche Tempel geworden.

Aber tatsächlich ist bis jetzt noch kein einziger Tempel der Göttlichkeit auf dieser Erde errichtet worden; alle Tempel sind menschengemacht. Insofern gehören einige Tempel den Hindus, einige den Muslimen, einige wiederum den Christen oder den Jainas. Es gibt keinen einzigen Tempel, der der Göttlichkeit angehört, denn dann kann er keinen Namen haben. Es wäre einfach ein Tempel.

Bis auf den heutigen Tag sind auf dieser Welt keine wirklichen Tempel errichtet worden, weil hinter dem Bau der Tempel jedesmal ein Ego stand. Deshalb haben sie auch nichts Gutes bewirkt. Tempel und Moscheen haben dazu geführt, dass Menschen miteinander gekämpft haben. Tempel und Moscheen haben Blutvergießen verursacht. Die Zahl der Morde, die in den Tempeln und Moscheen geschehen sind, können nicht einmal mit den Zahlen der Toten verglichen werden, die in den Kneipen oder in den Pubs Diebe und Glücksspieler auf dem Gewissen haben. Wollte man sie gegeneinander aufrechnen, dann wären sogar die Plätze, in denen sich die Gauner, Glücksspieler und Säufer aufhalten, weitaus rechtschaffener. Da sind weder so viele Morde passiert, noch gibt es da so viel Feindschaft, nicht so viel Schießereien, und da sind auch nicht so viele Menschen erstochen worden, so viele Frauen vergewaltigt oder so viele Kinder umgebracht worden.

Nein, wenn du die Zahlen gegeneinander aufrechnen würdest, alle Tempel würden den Spielhöllen gegenüber verlieren. Das ist sonderbar. Nicht einmal die zwielichtigsten Kneipen haben die Menschen zu so vielen Schlägereien und Gewaltverbrechen verführt, wie die Tempel und Moscheen es taten. Der Alkohol hat die Menschen nicht so verroht wie Tempel und Moscheen. Die Menschen, die sie erbaut hatten, haben gute Taten vollbracht, aber sie erwiesen sich als schlechte Taten, weil das Ego die eigentliche Triebfeder dahinter gewesen war. Wenn das Ego der Motor hinter einem Tempel ist, dann wird sogar ein Tempel zu einer Teufelsstätte; dann kann dieser Platz kein göttlicher Platz sein. So viele Dinge sind im Namen Gottes passiert, aber was war die Konsequenz? Was war das Ergebnis davon in der Welt?

Wenn wir aufmerksam in der Welt herumschauen, dann sind es eher die Gutmenschen als die Übeltäter, die uns in einen tiefen und sehr gefährlichen Abgrund hineinmanövriert haben – und die Ursache dahinter ist das Ego. Das Gute ist lediglich die Verpackung, ist gerade mal eine Fassade. Das Gute ist das, wovon geredet wird, aber unmittelbar dahinter ist das Ego verborgen. Sobald jemand sagt, der Hinduismus sei die beste Religion, meine nur nicht, dass er irgendetwas mit dem Hinduismus am Hut hätte, nicht einmal aus Versehen! Wenn er ins Feld führt, dass der Hinudismus die beste Religion sei, dann sagt er damit nichts anderes, als dass er der Größte ist, weil er ein Hindu ist.

Ich habe folgende Geschichte gehört …

An der Pariser Universität gab es einen Philosophieprofessor. Der kam eines Tages in seinen Hörsaal und sagte zu seinen Studenten: „Ich bin der bedeutendste Mensch der Welt."

Seine Studenten fingen an zu lachen. Sie fragten: „Sind sie verrückt? Wie können Sie denn so etwas von sich behaupten?"

Er sagte: „Ich sage das nicht nur, ich kann das auch beweisen."

Er stand auf, nahm seinen Zeigestab und deutete damit auf die Weltkarte und fragte seine Studenten: „Welches ist denn das beste Land der Welt?"

Alle Studenten waren Franzosen und sie sagten: „Frankreich natürlich."

Er sagte: „Also ist eines klar. Damit ist die Frage nach der ganzen Welt zu Ende gebracht: Sie alle stimmen darüber überein, dass Frankreich das allerbeste Land der Welt ist."

Sie sagten: „Ja, wir stimmen zu."

Er sagte: „Dann will ich Sie jetzt fragen, welches die beste Stadt auf der ganzen Welt ist."

Alle Studenten lebten in Paris und studierten an der Pariser Universität. Sie sagten: „Das ist Paris, gar keine Frage."

Dann sagte der Professor: „Es gab eine Übereinstimmung darüber, dass Paris die beste Stadt der ganzen Welt ist, denn Frankreich ist das beste Land auf der ganzen Welt. Jetzt ist Frankreich draußen vor, denn Paris ist übrig geblieben. Welches ist der beste Platz in Paris?"

Alle Studenten sagten, das ist die Universität, dieses Haus der Gelehrsamkeit, der Tempel der Wissenschaften – das ist der beste Platz."

Dann sagte der Professor: „Jetzt ist sogar Paris draußen vor und nur die Universität ist übrig geblieben. Ich frage Sie: Welches ist das beste Fach in der Universität?"

Die Studenten sagten alle „Philosophie", weil sie alle Philosophiestudenten waren.

Er sagte: „Dann ist auch das geklärt. Jetzt frage ich Sie: Wer leitet die Fakultät der Philosophie?"

Sie sagten: „Das sind Sie."

„Damit ist bewiesen, dass ich der bedeutendste Mann der Welt bin", antwortete er.

Menschen müssen eine lange Strecke zurücklegen, um ihr Ego zu beweisen. Jemand sagt: „Indien ist das größte Land auf der Welt." Wenn ihr euch umschaut, werdet ihr feststellen, dass dieser Herr grade mal in Indien geboren wurde. Hinduismus ist großartig, der Islam ist großartig. All das sind Erklärungen des Egos, aber diese Behauptungen verbergen sich hinter einer guten Maske. Sie reden von Vaterland, aber dahinter steckt nichts anderes als das Ego. Das Wort Vaterland wird dich hinters Licht führen. Er scheint so ein guter Mensch zu sein; er spricht vom Vaterland.

Man muss wissen, dass diejenigen, die von Mutterland oder Vaterland reden, üble Leute sind. Hitler hat geltend gemacht: „Deutschland ist unser Vaterland." Stalin tat das Gleiche, auch Mussolini tat das Gleiche, Turgeniev ebenfalls. Alle diese wahnsinnigen Leute auf der Welt berufen sich auf das gleiche – mein Vaterland – und wir haben den Eindruck, dass sie von etwas sehr Großartigem und Erhabenem sprechen, aber in Wirklichkeit führen sie uns ins Risiko; sie liefern uns unmittelbar der Gefahr aus.

Wann immer ein Ego vorhanden ist, das Gute wird sich immer als unerreichbar erweisen, aber man kann eine Fassade des Guten vortäuschen und eine solche Verkleidung kann einen täuschen. Man muss sich in Erinnerung rufen, dass alle Unaufrichtigkeit immer in der Verkleidung von Ehrlichkeit auftritt. Alle Lüge dieser Welt erscheint in der Verkleidung der Wahrheit; alle Heuchelei dieser Welt trägt die Merkmale der Religion auf der Stirn. Jede Sünde dieser Welt versteckt sich hinter Worten der Tugend.

Ich habe gehört …

Als Gott die Welt erschuf, hatte er auch die Göttin der Schönheit und die Göttin der Hässlichkeit erschaffen. Sie stiegen beide auf die Erde herab und kamen schließlich an einen See. Sie waren wegen ihrer langen Reise vom Himmel auf die Erde ganz mit Staub bedeckt. Sie legten ihre Kleider am Rand des Sees ab und gingen in den See, um zu baden.

Als die Göttin der Schönheit ins tiefere Wasser schwamm, sprang die Göttin der Hässlichkeit schnell aus dem See, zog sich die Kleider der Göttin der Schönheit an und rannte davon. Die Göttin der Schönheit sah, wie die Göttin der Hässlichkeit in ihren Kleidern entschwand. Sie kam aus dem See heraus, aber sie war nackt und weil es schon fast taghell war, tauchten auch schon die ersten Menschen auf. Es blieb ihr nichts anderes übrig, als die Kleider der Göttin der Hässlichkeit anzuziehen, bis sie die Göttin der Hässlichkeit finden würde. Sie rennt noch heute hinter der Göttin der Hässlichkeit her, in der Hoffnung, wieder ihre wahren Kleider anziehen zu können. Es heißt, sie verfolge sie noch heute, aber sie konnte noch immer nicht ihre wirklichen Kleider bekommen.

Sie wird sie niemals bekommen. Hässlichkeit taucht immer im Gewand der Schönheit auf. Nichtreligiosität redet immer die Sprache der Religiosität. Die Teufel halten sich immer in den Tempeln auf, gekleidet als Priester.

Das Etikett lautet ‚gut', aber dahinter lauert das Ego und so kommt nichts Gutes dabei heraus. In der Tat ist es so, dass falsche Dinge keine eigenen Füße haben, sie müssen sich immer die Füße der Wahrheit leihen. Immer, wenn sich das Ego rührt, versteckt es sich hinter einer guten Tat. Wer will sich denn auch den unmittelbaren Selbstausdruck des Egos anhören? Wer tut sich so was an?

Also sagt sich das Ego: „Ich werde einen Tempel errichten, einen Tempel Gottes." Das Ego sagt: „Ich werde der Gesellschaft dienen." Das Ego sagt: „Ich sage, dass die Armen göttlich sind, dass sie der Wirklichkeit gewordene Gott sind. Ich werde ihre Füße waschen." Das Ego erfindet schöne Worte, schöne Taten, und steht dann daneben und leitet die Ehre auf sich selbst um. Alle die guten Taten haben sich wegen des Egos in Falschheit verwandelt. Solange es das Ego gibt, glaube nicht einmal versehentlich, dass Gutes möglich wird.

Jetzt komme ich zu dem anderen Teil der Frage: ob Gutes getan werden kann, wenn das Ego sich auflöst. Du wirst nichts tun, denn du bist nicht mehr. Du bist nicht mehr da, du warst nur das Ego; du bist nicht mehr. Du wirst nichts tun, aber es wird etwas geschehen. Du wirst es nicht tun; es wird durch die Existenz geschehen. Das ganze Universum wirkt, aber wegen seines Egos meint der Mensch, er hätte es in die Tat gebracht.

Als du geboren wurdest, wie hat dir das Ego bei deiner Geburt geholfen? Du warst ein Kind, du wurdest ein Jugendlicher. Du isst, dein Essen wird verdaut, es wird zu Blut und erreicht jede deiner Zellen und Fasern. Die Wissenschaftler sagen, wenn man eine Fabrik bauen wollte, die Lebensmittel verdaut, dann müsste diese Fabrik riesig werden und das Ganze würde eine gewaltige Anstrengung werden. Hier aber verdaut der Mensch seine Nahrung in aller Ruhe und ohne jede Anstrengung. Tag ein Tag aus wird sie in Blut verwandelt, und das lautlos. Diese Fabrik ist nicht einmal zu hören. Der einzelne Mensch weiß nicht einmal, wie und wann das Essen in Blut verwandelt wird. Machst du das? Verwandelst du Essen in Blut? Du hast nicht einmal eine Idee davon, was unterhalb der Kehle geschieht, davon weißt du gar nichts. Die Küche des Menschen, sein Wissen über das Kochen geht nicht über die Kehle hinaus, die Kehle ist die Grenze. Was danach passiert, davon haben wir keine Ahnung.

Genauso wie die Wurzeln eines Baumes in völliger Ruhe im Dunkeln der Erde arbeiten, genauso arbeitet auch die Natur des Menschen. Alles geschieht unaufhörlich wie von selbst, aber das Ego sagt beständig: „Ich mache dies, ich mache jenes." Sobald der Mensch hinzufügt: „Ich mache es", im selben Moment ist es von Falschheit überschattet. Wohin auch immer der Schatten des Egos fällt, da beginnt das Gift zu wirken.

Leute wie Buddha und Mahavir werden nicht passiv oder untätig, sie sind aktiver als normale Menschen. Aber sie haben nicht das Gefühl, dass sie irgendetwas tun, sie haben das Gefühl, dass es von selbst geschieht. Der Gedanke des Tuns ist nicht mehr da, es gibt nur noch den Gedanken des Geschehens. Dinge passieren, sie werden nicht getan; wir tun sie nicht. Die Winde wehen, das Meer rauscht, der Mond verströmt Nektar vom Himmel, alles geschieht. Sobald das Ego eines Menschen sich aufgelöst hat, passiert auch durch ihn alles von selbst. Dieses spontane Geschehen ist das einzig Gute, die einzige Wohltat, die einzige Seligkeit.

Osho, wenn ich in Meditation „Wer bin ich?" frage, kommt keine Antwort, aber der Mind ist entspannt.

Wenn der Mind vollkommen still wird, wird die Antwort kommen. Begnüge dich nicht mit dem friedlichen Verstand, hör nicht auf zu fragen. Lass den Mind sich entspannen und frage weiter. Der Verstand wird sich entspannen, und du gehst noch tiefer in die Frage hinein, mit noch größerer Intensität. Die Fragestellung muss so intensiv werden, dass es keine Möglichkeit gibt, sie auf eine tiefere Ebene zu führen. Deine ganze Energie muss für diese Fragestellung benützt werden. Dann wird der Verstand vollständig ruhig, das ist dann wie eine Explosion. Er wird so still, dass selbst wenn du fragen möchtest, die Frage nicht mehr da sein wird, Worte werden nicht mehr existieren, Gedanken werden nicht mehr entstehen. Dann ist so viel Frieden in dir, selbst wenn du dann fragen willst „wer bin ich?", wird es dir unmöglich sein, zu fragen, du wirst nicht mehr fragen können. Selbst diese Worte werden nicht mehr entstehen können, so tief ist der Frieden dann in dir. Dann kommt die Antwort. Die Antwort ist innen, die Antwort ist immer innen.

Wie ist das möglich? Wir sind, aber wir wissen nicht, wer wir sind. Wir existieren, aber wir wissen nicht, wer wir sind. Wie ist das möglich? Es ist unmöglich; wir müssen auf einer bestimmten tiefen Ebene wissen, wer wir sind, und wenn wir das nicht wüssten, gäbe es keine Möglichkeit, das zu wissen. Wie könnte denn jemand anderes das wissen, wenn ich es nicht auch wissen kann? Aber dieses Geheimnis ist sehr, sehr tief in unserem Innern verborgen. Im Vergleich dazu sind die Ozeane weniger tief. Der Pazifik ist über elf Kilometer tief. Die Sonnenstrahlen reichen nicht so weit. Die arabische See ist fast fünf Kilometer tief; die Sonnenstrahlen reichen auch nicht so weit. Aber diese Tiefe ist unbedeutend. Es gibt einen weitaus tieferen Bereich in unserem Innern, und den muss jeder von uns erreichen. Ein Ozean, das ist letzten Endes Wasser. Wie tief kann er sein?

Der Mensch ist Bewusstsein, ein Ozean tiefen Bewusstseins, eine bodenlose Tiefe von Bewusstsein. Du musst deine Befragung in diese bodenlose Tiefe hinabführen – tiefer, tiefer, noch tiefer. Du musst fortfahren, diese Befragung in diesen bodenlosen Abgrund hinabzubringen. Wenn die Frage ihren allerletzten Punkt erreicht, wird sie wie ein Pfeil in den Bereich eindringen, wo das Geheimnis verborgen ist, und das Geheimnis wird anfangen, aufwärts zu fließen.

„Wer ich bin“ kann gewiss erkannt werden, und es ist interessant, wie das geschieht. Wir fangen mit der Frage „Wer ich bin“ an, und gleichzeitig weißt du, dass du das „Ich“ überhaupt nicht finden wirst, aber etwas anderes. Gib dich nicht der Illusion hin, dass du erkennen würdest, dass du Radha oder Krishna seiest, dass du so oder so wärest, dass du ein Tuchhändler seiest, ein Lebensmittelhändler oder ein Angestellter in einem x-beliebigen Büro. So eine Art von Antwort wirst du nicht bekommen. Wenn die Antwort kommt, dann wirst du wissen, du bist nicht.

Es gibt noch etwas anderes, das du wegen des „Ich“ nicht sehen konntest. Es gibt eine Existenz. Die Seele und Gott sind die Namen für das, was ist. Aber das, was ist wird erst dann aufscheinen, wenn du fragst und fragst und fragst. Du fragst so sehr, dass selbst das Fragen sich erschöpft und das Nichts übrig bleibt. In diesem Nichtsein wirst du erkennen wer du bist. Du wirst wahrnehmen, dass du gar nicht da bist, dass ja nur Existenz ist, nur Gott ist.

Um diese Antwort zu erlangen, musst du sehr tief graben. Dieses „Wer bin ich?“ ist eine Schaufel, mit der du tiefer und tiefer und tiefer gehen musst. Du musst tiefer und tiefer und tiefer graben, ohne müde zu werden, bis es nichts mehr zu graben gibt. Du musst genau bis in diese Tiefe graben.

An dem Tag, an dem du die Quelle erreichst, wird die Schaufel von selbst aus deiner Hand fallen und die Befragung wird gegenstandslos sein. Aber du darfst dich nicht zufrieden geben mit jenem größeren Frieden deines Verstandes, vergiss das nicht. Es gibt viele Intensitäten von Frieden. Wer sich mit einer bestimmten Intensität von Frieden zufrieden gibt, wird den eigentlichen, obersten Frieden nicht erfahren.

Wenn du ein wenig mit Meditation experimentierst, wirst du definitiv Frieden spüren, du wirst eine Art von Stille erleben, du wirst eine Spur von Seligkeit erfahren. Aber bleib da nicht stehen, du sollst da nicht stehen bleiben, denn solange du Frieden erfährst, solange ist noch Tumult in dir. Du kannst diesen Frieden niemals wahrnehmen ohne innerlichem Tumult.

Wer Licht sehen kann muss auch Dunkelheit sehen. Die Erfahrung von Frieden ist so lange noch da, wie Unfrieden im Innern existiert. Wenn der Frieden total ist, würdest du nicht einmal wahrnehmen, dass du in Frieden bist. Die Menschen kennen Gesundheit erst, wenn Krankheit im Hintergrund ist. Wenn es überhaupt keine Krankheit mehr gibt, dann weiß er nicht, was Gesundheit ist, dass er gesund ist. Du magst überrascht sein, du kennst immer Krankheit, aber kennst du Gesundheit? Wenn du krank bist, dann nimmst du wahr, dass etwas mit deiner Gesundheit nicht in Ordnung ist. Wenn du in jeder Hinsicht kerngesund bist, wirst du nicht wahrnehmen, dass du gesund bist. Nur in einem kranken Menschen entsteht das Gefühl, dass er nicht gesund ist. Der Gesunde weiß nicht einmal, dass er gesund ist.

Wenn sich völliger Frieden ausbreitet, wirst du nicht einmal wissen, dass du in Stille bist. Wenn erst einmal der Tumult vorbei ist, wie willst du's dann noch wissen? In der Schule schreibt der Lehrer mit weißer Kreide auf eine schwarze Tafel. Er schreibt nicht auf eine weiße Tafel. Würde er auf eine weiße Tafel schreiben, würde man nicht lesen können was er geschrieben hat. Weiße Striche werden nur auf einer schwarzen Tafel sichtbar. Solange es einen schwarzen Hintergrund von Tumult gibt, wird das bisschen Frieden, das entstanden ist, sichtbar sein. Auf dem schwarzen Bildhintergrund des Tumults können wir die weißen Linien des Friedens sehen, in den dunklen Wolken können wir die Blitze sehen. Wenn nun aber der Hintergrund völlig verschwindet, wie kannst du dann die weißen Buchstaben sehen? Wie können sie sichtbar werden?

In einem Zustand von völligem Frieden wird der Frieden nicht gespürt. Es gibt nicht einmal genug Unfrieden, dass er dir spürbar machen könnte, dass du im Frieden bist. Dieses Wissen „ich bin im Frieden“ ist Teil eines ruhelosen Verstands, ist die Erfahrung eines ruhelosen Minds. Nicht einmal diese Erfahrung ist noch vorhanden. Ein klarer Schlussstrich bedeutet keine Erfahrung, es bleibt nur das reine Sein. Dahin musst du kommen. Gib dich nicht mit kleinen Friedenszuständen zufrieden.

Die Menschen, die wir religiös nennen, geben sich mit sehr unbedeutenden Erfahrungen von Stille zufrieden. Der eine zählt seine Gebetsperlen, ein anderer wiederholt unablässig den Namen von Rama oder er macht irgendwas anderes. Alle fühlen sich leichter ums Herz, sie fühlen sich friedlich, sind entspannt, weil sie angekommen sind, sie haben Göttlichkeit erreicht. Göttlichkeit zu erreichen ist nicht so billig. Es ist eine unvergängliche und niemals endende Reise. Sie hat einen Anfang, aber kein Ende irgendwo. Bei jeder Friedenserfahrung musst du weitersuchen, du musst tiefer graben, bis du den Moment erreicht hast, wo du dir nicht einmal mehr des Friedens bewusst bist.

Ramakrishna hat die folgende Geschichte erzählt …

An einer Meeresküste gab es einmal eine Feier, so in der Art wie wir uns hier getroffen haben: die Brandung, viele Leute, eine große Veranstaltung. Zwei Statuen aus Salz lebten in dem Dorf. Statuen aus Salz leben in jedem Dorf. In gewisser Weise ist jeder Mensch eine Statue aus Salz. Diese zwei Statuen aus Salz gingen ebenfalls auf das Fest. Nun ist es so, dass gute Menschen nicht auf solche Feste gehen, nur Salzstatuen machen das. Also zogen sie los, diese zwei. Sie standen inmitten der vielen Leute, die ganz gedankenverloren waren und sich fragten, wie tief denn das Wasser wohl sei. Die Salzstatuen wurden ganz aufgeregt. Je unreifer eine Statue, desto aufgeregter ist sie.

Diese Statuen sagten: „Einen Moment! Was für einen Unsinn ihr redet! Was wollt ihr wissen? Wir springen einfach ins Wasser und dann werden wir's ja wissen."

Also sprang eine der Salzstatuen ins Meer. Viele Leute liefen zusammen und warteten darauf, dass sie bald wieder zum Vorschein käme. Aber es gab keine Spur mehr von ihr; sie kam niemals wieder. Nun ist es ja so, wenn eine Statue, die aus Salz gemacht ist, ins Meer eintaucht – wie will sie dann wiederkommen? Sie ist für immer fort, bis in alle Ewigkeit. Sie erreicht nicht einmal den Grund; sie hat sich einfach aufgelöst und war verschwunden. Sie konnte den Meeresboden nicht erreichen, die genaueren Grenzen auskundschaften.

Bevor sie den Meeresgrund erreichte, hatte sie sich schon aufgelöst. Die Leute warteten, und warteten sehr lange.

Als das Fest vorbei war, gingen die Leute nach Hause und dachten darüber nach, was mit der Statue aus Salz wohl geschehen sein mochte. Ist sie gestorben? Wo ist sie hingegangen? Wohin ist sie verschwunden? Wenn eine Salzstatue ins Meer geht, um herauszufinden wie tief es ist, kann sie dann sich selber retten und wieder zurückkommen?

Wenn ein Mensch sich auf die Suche nach Göttlichkeit macht, kann er dann unversehrt wieder zurückkommen? So wie die See aus Salz besteht, und wenn die Statue, die aus Salz besteht, ins Meer fällt, dann löst sich das Salz auf, der Mensch ist dem göttlichen Bildnis entsprechend geformt. Er geht auf eine Suche und verliert sich. Kein Frieden, kein Tumult. Fort, er hat sich aufgelöst.

Kabir sagte: „Auf meinem Pfad der Suche, oh mein Freund, ist Kabir selber verschwunden. Er ist losgegangen, um zu Gott suchen. Oh mein Freund, sprich nicht vom Suchen, Kabir selber ist verloren gegangen, und dann gab es ein Problem. Der Tropfen fiel in den Ozean, der Tropfen, Kabir genannt, verschmolz mit Gott. Wie kann man jetzt herausfinden, wo der Tropfen geblieben ist?"

Wenn Kabir sang, fing er mit diesen zwei Zeilen an: „Auf seinem Pfad der unaufhörlichen Suche, oh geliebter Freund, ging Kabir selbst verloren. Der Tropfen fiel in den Ozean. Wie kann er wiedergefunden werden?"

Dann, ein paar Jahre später, veränderte er das Lied, und diese Änderung war sehr eigenartig. Die erste Zeile blieb gleich. Es blieb bei: „Auf seinem Pfad der unaufhörlichen Suche, oh geliebter Freund, ging Kabir selbst verloren", aber er änderte die zweite Zeile.

Vorher sang er immer: „Der Tropfen fiel in den Ozean. Wie kann er wiedergefunden werden?", aber später fing er an folgendermaßen zu singen: „Der Ozean ist in den Tropfen gefallen, wie kann er wiedergefunden werden?"

„Der Ozean ist in den Tropfen gefallen", das ist natürlich weitaus schwieriger. Den Tropfen im Ozean hätte man vielleicht in vielen unzähligen Ewigkeiten aufspüren können, aber das ist jetzt noch viel schwieriger. Zuerst hat man gefühlt, dass der Tropfen in den Ozean gefallen ist, dann ging es darum, dass der Ozean in den Tropfen gefallen ist; das wird nun äußerst schwierig.

„Der Ozean ist in den Tropfen gefallen" – also das ist unmöglich. „Wie kann er wiedergefunden werden?" Der Gottessucher Kabir, den gibt's nun nicht mehr. Er ist komplett verloren gegangen.

Wer auch immer auf die Suche geht, der geht verloren. Kein „Ich" bleibt übrig, kein Frieden bleibt, keine Glückseligkeit, nichts bleibt übrig. Dann ist das, was wirklich übrig bleibt, Wahrheit, das ist dann Göttlichkeit, ist die ultimative Wirklichkeit.

Es gibt weitaus mehr Fragen, aber es ist jetzt nicht möglich, sie zu beantworten. Morgen früh werden wir über das dritte Tor reden und nachts dann übers vierte Tor.

Jetzt setzen wir uns zur Nachtmeditation nieder.

Setzt euch ein bisschen auseinander. Haltet ein wenig Abstand voneinander. Es sollte nicht geredet werden, keiner sollte den andern berühren. Es gibt so viel Platz hier, aber unser Mind hat sich daran gewöhnt, mit wenig Platz auszukommen, damit wir nicht den Eindruck erwecken, wir würden uns ausbreiten. Breitet euch aus, damit ihr ein bisschen für euch sein könnt. Seid für euch, keiner soll jemand anderen berühren. Vergewissert euch, dass das auch so ist.

Es ist so eine wundervolle Nacht und wir werden mit Sicherheit sehr tief in sie eindringen. Wenn ihr nicht tief geht, was wird denn dann die Nacht sagen, was werden die Zypressen denken? „Was waren das denn für Leute? Es war so eine wunderbare Nacht - so ein Mond, und sie gingen nicht einmal ein klein wenig nach innen."

Zuerst erlaube dem Körper, dass er in einer entspannten Haltung sitzen kann. Dann, wenn du willst, schließe deine Augen, wenn du sie halbgeöffnet halten willst, lasse sie halb offen, wie du willst. Sitze still. Ich werde euch einige Anregungen geben, und ihr probiert sie aus.

Spüre, wie dein Körper sich entspannt. Erlaube ihm, vollständig locker zu werden, so als gäbe es kein Leben mehr im Körper. Lass ihn völlig los, lass ihn los. Der Körper wird entspannt, der Körper wird entspannt. Lass ihn los. Was für eine Notwendigkeit könnte es denn geben, dich zusammenzunehmen? Die Existenz wird sich um dich kümmern. Der Körper wird entspannt ... Der Körper wird entspannt ... Der Körper wird entspannt.

Es ist so eine stille Nacht, lass los. Erlaube dem Körper zu schmelzen und einszuwerden mit dem Mondlicht. Der Körper wird entspannt... Der Körper wird entspannt... Lass los, lass ihn verschwinden. Lass ihn eins werden mit dem Mondlicht. Der Körper wird entspannt ... Der Körper wird weiterhin völlig entspannt und still, so, als wäre er gar nicht mehr da. Wo ist der Körper? Es ist, als wäre er nicht mehr da. Der Körper hat sich gelöst ... Der Körper hat sich gelöst ...

Lass den Atem los. Lass ihn kommen und gehen auf seine eigene Art und Weise. Atme du nicht ein und aus. Der Atem wird ganz von selber langsamer. Der Atem wird ruhig und gelöst ... Der Atem wird ruhig und gelöst ... Der Atem wird ruhig ... Der Atem wird ruhig ... Der Atem wird ruhig... Der Atem wird ruhig ... Der Atem ist ruhig geworden ... der Atem ist still geworden.

Der Mind wird auch still. Lass den Mind auch los. Der Mind wird still ... Der Mind wird auch still ... Der Mind wird still ... Der Mind wird still ... Erlaube dem Mind im Ozean zu verschwinden. Der Mind wird still ... Der Mind ist still geworden ... Alles ist still geworden.

Wir sind ein Teil von diesem Strand geworden - eins mit dem Mondlicht, eins mit den Bäumen, eins mit der rauschenden Brandung. Wir haben uns aufgelöst. Alles was geblieben ist, ist die Stille. Alles ist Stille geworden. Sinkt jetzt zehn Minuten lang tiefer und tiefer in diese Stille hinein. Du wirst das Rauschen der Brandung hören. Wenn ein Windhauch die Bäume zum Beben bringt, wirst du das hören, aber bleib völlig still dabei. Es ist, als würden Geräusche in einem verlassenen Haus widerhallen, genauso sind auch wir leer geworden und die Klänge hallen von den Wänden wider und klingen nach. Wir sind nicht da; das Haus ist leer. In einem leeren, verlassenen Tempel gibt es vereinzeltes Echo.

Höre dem zehn Minuten lang zu.

Horch, das Meer ruft. Horch, die See ruft dich. Lausche weiter, horch weiter. In dem Maße wie du horchst, wird der Mind still. So wie du weiterhin horchst, in dem Maße wird dein Mind leer. Der Mind wird leer. Lausche weiterhin der Stille der Nacht, dem Atem des Windes. Horch, das Meeresrauschen tritt in dich ein, seine Wellen brechen sich schon in deinem Innern. Horch, horch. Der Mind wird still. Der Mind steigt einen tiefen Abgrund hinab.

Lausche weiter, der Mind wird immer stiller... Der Mind wird leer. Der Klang bricht sich und hallt zurück. Der Mind ist leer geworden. Lausche: diesem Frieden, dieser Leere, wie sie auf uns herniedersteigt. Was für eine Stille überall.

Der Mind wird still ... Der Mind wird still ... Der Mind wird still ... So wie du zuhörst, so verschwindet der Mind. Du bist verschwunden; das was bleibt, ist nur noch die Nacht, das Meer, der Mond. Der Mind wird still, still, still. Er wird still. Der Mind wird leer. Horch, horche weiter, bleibe dieses Horchen.

In dem Maße wie du horchst wird auch der Mind immer stiller. Der Mind ist still geworden, der Mind ist vollständig zur Ruhe gekommen.

Nehmt jetzt ein paar tiefe Atemzüge. Spüre, wie mit jedem Atemzug eine noch tiefere Stille über dich kommt. Nimm ganz langsam ein paar tiefe Atemzüge; jeder Atemzug macht dich noch friedvoller. Und jetzt öffne ganz langsam deine Augen. Und auch außen um uns herum: alles ist friedvoll. Auch außen ist alles still.

Damit ist die Nachtmeditation beendet.

Kapitel 6

Fröhlichkeit – teile deine Lebensfreude

Heute sprechen wir über das dritte Tor in den göttlichen Tempel. Das dritte Tor ist Fröhlichkeit. Wer die beiden ersten Tore – Mitgefühl und Freundlichkeit – verstanden hat, der wird auch ohne Schwierigkeiten das dritte Tor verstehen.

Das dritte Tor ist Fröhlichkeit. Unter Fröhlichkeit verstehen wir Freude, Seligkeit, Dankbarkeit, Verspieltheit. Einen Monat vor der Regenzeit ballen sich die Wolken zusammen. Wenn das Wasser mehr wird als sie fassen können, dann ist das Mitgefühl. Und wenn dieses Wasser auf die durstige Erde herabregnet, dann ist dieser Wassersegen Freundlichkeit. Mit diesem Wassersegen ist das Leben auf der Erde gesättigt. Die ganze Erde ist mit Blättern bedeckt, mit Freude, mit Seligkeit – und sie beginnt zu tanzen. Dieses Laub, diese Freude, dieses Aufblühen der Blumen – jeder Hügel, jedes Dorf, jeder Quadratmillimeter dieser Erde beginnt Lebenslust auszudrücken. Das ist Fröhlichkeit.

Diejenigen, die Mitgefühl und Freundlichkeit erfahren haben, sind zwangsläufig mit dem dritten Tor konfrontiert. Alle Trauer verschwindet aus ihrem Leben. Aller Schmerz, alles Leiden, alle Sorgen haben ein Ende. Sie sind unbeschwert, befreit, durchdrungen von einem neuen Lebensgefühl der Seligkeit. Alleine schon das Ankommen an diesem dritten Tor ist reine Freude, und dieses Tor dann zu durchschreiten ist ungeheure Seligkeit.

Es ist wichtig, zu verstehen, wie man in dieses Tor eintritt, welche Bedeutung dieses Eintreten hat. Denkt immer daran, wer dieses Tor nicht lachend betritt, der wird es niemals durchschreiten können. Das Tor der Fröhlichkeit ist nichts für frustrierte Seelen, für müde und resignierte Köpfe mit Herzen, die gequält von Schmerz, Leid und Verzweiflung sind, ist nichts für Seelen, die so voller Dunkelheit sind.

Aber alles, was bis heute im Namen der Religion gelehrt worden ist, ist ja eben diese Trauer, diese ins Äußerste getriebene Ernsthaftigkeit, eine solche Agonie, eine solche fundamentale Lebensangst. In den letzten fünftausend Jahren wurde ein grundsätzlicher Zusammenhang zwischen religiös sein und traurig sein etabliert. Diese beiden Eigenschaften, die auf eine so abwegige Weise miteinander verknüpft wurden, haben das Tor zum Göttlichen versperrt. Aber niemand kann Göttlichkeit erreichen, wenn er nicht dieses Tor durchschreitet.

Vermutlich ist niemand und nichts auf dieser Welt derart von Traurigkeit beherrscht wie der Mensch. Außer dem Menschen ist nichts auf dieser Welt so schwer und ernst. Überall um uns herum ist das Leben ein Leben des Feierns; überall um uns herum ist das Leben ein Leben der Farbigkeit, des Klingens, des vielfältigsten Tanzens. Nur der Mensch ist belastet, nur der Mensch trauert. Dieses Trauern, diese Schwere, diese Niedergeschlagenheit, dieses Gefühl der Depression; diese Haltung, das Blühen der Blumen, das Lächeln auf unseren Gesichtern zu ignorieren – woher ist diese Einstellung gekommen?

Warum haben eure Religionen mit ihren sogenannten Heiligen und den blinden heiligen Männern diese Idee des Trauerns propagiert? Warum gibt es so viel Widerstand gegen Freude, gegen Seligkeit, gegen Fröhlichkeit? Tatsächlich ist es doch so, dass nur die Leute mit den verdrießlichen Köpfen, den niedergeschlagenen Gemütern, den verwirrten Einstellungen sich für Religion interessieren. Wer leidet, wer voller Schmerzen ist, wer in Not ist, wer sich quält, das sind die Leute, die einen religiösen Weg einschlagen, um diesem Leben des Schmerzes, der Angst und des Leidens zu entfliehen. Im Grunde ähnelt der Zustand der religiösen Welt sehr stark dem einer Anstalt. Die Leute gehen da hinein, um Erleichterung von ihren Schmerzen und ihrem Leiden zu finden, um errettet zu werden.

Das ist aber so nicht passiert. Stattdessen hat das die Religion ebenfalls leidend gemacht. Gesunde Leute, glückliche Leute, Leute, die singen und tanzen, solche Leute interessieren sich heute nicht für Religion. Aber solange das so ist, kann die Welt insgesamt nicht religiös werden. Ab dem Tag, an dem lachende Menschen sich für ein religiöses Leben interessieren, ab dem Tag wird der Weg eines Suchers voller Blumen sein.

Nur ein kranker, ruheloser und betrübter Mind versucht einen Weg aus dem Chaos und der Trübsal zu finden, und er ruiniert diesen Pfad der Religion.

So wie ich das sehe ist dieser Weg, diese Herangehensweise, überhaupt dieser Anfang in sich selbst falsch. Wenn jemand die Religiosität benutzt, um sein Leid, seine inneren Turbulenzen zu lindern, dann wird er zur gleichen Zeit Religiosität zerstören, er wird sie pervertieren. Der Weg der Religiosität handelt davon, wie man Frieden steigern, Seligkeit vermehren, Lebenslust vertiefen kann. Das Chaos vermindern zu wollen ist eine negative Herangehensweise der Religion gegenüber. Wie man inneren Frieden verstärkt, ihn vertieft, Seligkeit vermehrt – nicht wie man Leid vermindert –, so eine Herangehensweise führt in die Irre. Oberflächlich mag beides dasselbe zu sein scheinen. Ihr mögt sagen, dass Leiden vermindern und Seligkeit steigern auf das Gleiche hinauslaufen würde. Nein, das sieht nur so aus, nur die Worte ähneln einander, aber das ist nicht dasselbe. Dunkelheit umgibt ein Haus. Der Bewohner mag darüber in zweierlei Hinsicht denken: wie die Dunkelheit verringern, wie das Licht vermehren. Wenn er meint, die Dunkelheit vermindern zu sollen, dann werden alle seine gedanklichen Prozesse darum gehen, die Dunkelheit zu verringern, die Dunkelheit zu entfernen, die Dunkelheit zu beenden, die Dunkelheit zu bekämpfen. Aber erinnert euch daran, weder kann man mit Dunkelheit kämpfen, noch kann man Dunkelheit besiegen, weil Dunkelheit gar nicht da ist.

Wäre Dunkelheit existent, hätten wir mit ihr schon kämpfen können, wir hätten sie schon vertreiben können. Wer auch immer seine Suche damit beginnt, die Dunkelheit zerstören zu wollen, wird in der Dunkelheit stecken bleiben. Er wird sich nicht einmal Licht vorstellen können; sein ganzer Verstand wird sich automatisch nur noch um Dunkelheit drehen. Er wird darüber nachdenken, wie man Dunkelheit wegräumen kann, was für eine Art von Schwert man dafür erfinden müsste, wie stark man sein müsste, um die Dunkelheit aus dem Haus zu werfen. Irgendwann wird er sterben, aber Dunkelheit wird er nicht besiegt haben. Das unmittelbare Konzept, das er hatte, um die Dunkelheit zu beseitigen, ist falsch, weil die Dunkelheit gar keine Existenz hat. Deshalb kann man mit der Dunkelheit selbst auch gar nichts tun.

Licht hat Existenz. Dunkelheit ist nur die Abwesenheit von Licht. Mit einer Abwesenheit kannst du nichts tun. Sobald man eine Lampe anmacht verschwindet die Dunkelheit; man muss sie gar nicht zerstören. Wenn Licht da ist, gibt es keine Dunkelheit mehr. Insofern bleiben die Leute nur im Dunkeln, wenn sie über das Auslöschen der Dunkelheit nachdenken, wenn sie in einer negativen Sprache denken. Die Dunkelheit verschwindet nicht, aber die Leute selber, sie verschwinden. Diejenigen, die darüber nachdenken, wie man Licht hereinbringen kann, wie man Licht vermehren kann, die denken in einem Konzept der Affirmation, der Bejahung.

Wegen dieser negativen Denkweisen ging die Religion in die Irre und verlor die Orientierung. Diejenigen, die in der Sprache der Negativität sprechen, die meinen, die Dunkelheit entfernen zu können, Gewalt auszulöschen, Unehrlichkeit, Falschheit, Begierde, Sünde zu bekämpfen – diese Leute sind es, die den Tempel der Religion bis in die Fundamente korrumpiert haben.

Die Dunkelheit wurde nicht besiegt, Falschheit nicht abgeschafft, das Leid nicht beendet. Stattdessen füllten sich durch den Kampf mit der Dunkelheit alle Seelen mit Dunkelheit, sind depressiv, elend, selber dunkel geworden, und der Schatten dieser dunklen Seelen fällt auf die gesamte Menschheit. Es ist krank, zu glauben, die Dunkelheit wäre etwas Abgetrenntes. Das Konzept, Licht zu kreieren ist wissenschaftlich. Licht kann man hereinbringen, und da wo

Licht ist, da ist ganz selbstverständlich dann auch keine Dunkelheit. Auch das Chaos ist eine Abwesenheit. Und Leid ist eine Abwesenheit. Hass ist ebenso eine Abwesenheit. Wovon sind sie eine Abwesenheit? Hass ist die Abwesenheit von Liebe. Wenn die Liebe zunimmt, wenn sie blüht, wenn sie tief wird, dann verschwindet Hass. Was ist die Abwesenheit von Falschheit? Die Wahrheit, wenn die Wahrheit erblüht, verschwindet Falschheit. Was ist die Abwesenheit von Chaos? Es ist die Abwesenheit von Frieden. Wenn sich Frieden ausbreitet, wenn Frieden machtvoll wird, dann wird es nirgends Chaos geben.

Das dritte Tor der Fröhlichkeit ist positives Erblühen.

Suche die Seligkeit und vergiss es, vom Chaos davonzulaufen. Meine nicht, du könntest das Chaos loswerden. Gehe in den Frieden und nähre ihn. Vermeide auch nur einen Blick auf Verneinung und Negierung. Sprich dich für das Positive aus, für das, was ist, fordere es heraus und hole es aus seinem Schlaf. Fröhlichkeit bedeutet Positivität. Es muss eine positive Fröhlichkeit im Leben geben, lachende Heilige; blühende Menschen oder lächelnde Menschen werden nicht geboren. Je länger das Gesicht eines Menschen, desto heiliger sieht er aus. Je vollständiger seine Lebensfreude abgestorben ist, desto großartiger scheint er zu sein. Was für eine Menschheit, was für eine Verrücktheit! Lachende Menschen scheinen niedrigstehender, bedrückte und traurige Leute scheinen großartiger zu sein. Na, wunderbar!

An dem Tag, an dem wir in der Lage sein werden, die lachenden Menschen in die Welt der höheren Werte hineinführen zu können, an dem Tag, an dem wir die dumme Vorstellung überwinden können, dass Seligkeit und Fröhlichkeit dem Göttlichen entgegenstehen würden, an diesem Tag öffnet sich das dritte Tor. Ich wünsche mir Tempel, die voller Tanz, Musik, Lachen sind.

Ich wünsche mir eine Religion des Lächelns, des Erblühens, der Fröhlichkeit. Aber es sind die Kranken, die die Religion eingenommen haben. Die Religion muss von diesen kranken Leuten befreit werden.

Ich habe gehört …

In China lebten einmal drei Mystiker. Man nannte sie die lachenden Heiligen – sie waren einfach wunderbar. Lachende Mystiker? Das ist doch gar nicht möglich, es gibt doch immer nur weinende Heilige. Sie gingen von Dorf zu Dorf. Ihre Botschaft war seltsam. Sie standen zum Beispiel an einer Kreuzung und lachten. Zuerst fing der eine an zu lachen, dann der andere und schließlich auch der dritte. Ihr Lachen steckte die anderen an, und so verbreitete sich das Lachen immer weiter. Ganze Gruppen von Lachenden bildeten sich um sie herum und der Herzschlag dieses Gelächters erreichte schließlich das ganze Dorf.

Die Leute fragten sie, was denn ihre Botschaft sei und sie sagten: „Lacht auch! Lebt so, dass ihr lachen könnt. Lebt so, dass auch andere lachen können. Lebt so, dass euer ganzes Leben eine Quelle von Lachen wird. Das ist die einzige Botschaft, die wir haben, und die überbringen wir durch unser Lachen. Und jetzt gehen wir ins nächste Dorf."

Lacht, dass euer ganzes Leben zu einem Lachen wird. Lebt so, dass euer ganzes Leben ein Lächeln wird. Lebt so, dass sich ein Lächeln im Leben der Menschen um euch herum ausbreitet. Lebt so, dass euer ganzes Leben eine einzige Girlande von blühenden Blumen wird. Hat ein lachender Mensch jemals gesündigt? Für einen, der lacht, ist es schwierig, jemanden zu töten, jemanden zu missbrauchen, sich unanständig oder unangemessen zu verhalten.

Es ist einem, der lacht, unmöglich, in dem Moment, in dem er lacht, zu sündigen. Für alle Sünden braucht es Schwermut, Sorge, Düsternis, Schwerfälligkeit, Wut, Hass – das sind die notwendigen Bestandteile. In dem Moment, wo wir eine lachende Menschheit erschaffen können, werden neunzig Prozent der Straftaten unmittelbar verschwinden. Die Menschen, die die Erde traurig gemacht haben, haben sie mit Sünde angefüllt.

Diese drei Mystiker gingen von Dorf zu Dorf. Selbst die Luft veränderte sich sofort in einem Dorf, sobald sie ankamen. Wo auch immer sie waren, änderte sich die Atmosphäre.

Dann wurden die drei alt. Und bald starb einer von ihnen, und die Leute aus dem Dorf, in dem er gestorben war, dachten, dass sie jetzt traurig sein müssten, heute würden sie verstimmt sein. Schon vom frühen Morgen an hatten sich die Menschen um die Hütte der Mystiker versammelt. Aber sie waren überrascht, zu sehen, dass der tote Mystiker ein Lächeln auf seinem Gesicht hatte, und die anderen zwei, die neben ihm saßen, lachten herzlich.

Die Leute fragten sie: „Was macht ihr denn da? Er ist gestorben und ihr lacht?" Sie antworteten: „Sein Tod hat das ganze Leben zu einem Scherz gemacht. Der Mensch stirbt, und das zeigt, dass das ganze Leben ein Witz ist. Wir dachten, wir würden ewig leben. Heute ist das auf den Kopf gestellt worden. Heute ist einer von uns gegangen, morgen sind wir dran und gehen. Also können nur die betroffen sein, die meinen, sie würden ewig leben. Es ist kein Grund geblieben, ernsthaft zu sein. Es ist wie mit einem Traum. Ein Traum ist zerschellt; durch seinen Abschied hat unser Freund den Traum unterbrochen. Wir lachen, lachen über das ganze Leben, über all das, was wir vom Leben gedacht haben. Schließlich hat das alles ein Ende. Eine Seifenblase platzt, eine Blüte fällt und ihre Blütenblätter sind zerstört. Wenn wir heute nicht lachen, wann denn dann? Wenn wir jetzt nicht lachen, wo das ganze Leben der Tod geworden ist, würde unser toter Kumpel dann nicht denken, wir hätten ihn getäuscht, als es Zeit war zu lachen? Es ist einfach, im Leben zu lachen; wer im Tod lachen kann, der ist ein Mystiker."

Sie brachten seinen Körper zum Verbrennungsplatz. Die Leute vom Dorf waren traurig, aber die zwei lachten weiterhin. Auf ihrem Weg sagten sie: „Alle, die jetzt traurig sind, sollten lieber heimgehen, weil seine Seele Probleme bekommen würde, da er das ganze Leben über lachte, aber die Menschen ihm nicht so viel Dankbarkeit erweisen und sich mit Lachen von ihm verabschieden."

Aber wie konnten die Leute denn auch lachen? Sie waren das Lachen nicht gewohnt, und wer kann – in Anwesenheit des Todes – lachen? Nur der, der etwas Höheres erfahren hat als den Tod, kann über den Tod lachen. Wer sonst kann über den Tod lachen?

Wie kann ein Sterbender über den Tod lachen? Nur jemand, der Unsterblichkeit erfahren hat, kann über den Tod lachen.

Wie konnten denn die Dorfbewohner lachen? Der Tod hatte überallhin Trauer verbreitet. Wenn wir über den Tod traurig werden, dann nicht deshalb, weil jemand gestorben ist, sondern weil wir uns über unseren eigenen Tod bewusst werden. Die Trauer über den Tod macht uns Angst; sie erschreckt uns.

Die zwei Mystiker lachten weiter. Der Körper wurde auf die Feuerstelle gelegt, und die Leute fragten, warum er nicht gebadet worden war, warum seine Kleider nicht gewechselt worden waren, so wie es Brauch ist. Sie antworteten: „Unser Freund bat uns, seine Kleider nicht zu wechseln und ihn nicht zu waschen. Er bat darum, dass er so verabschiedet werden sollte, wie er ist. Also mussten wir ihm seinen Wunsch erfüllen."

Er wurde verbrannt. Und da brach auf einmal ein gewaltiges Gelächter in der Menschenmenge aus, denn der Tote hatte in seinen Kleidern Feuerwerkskörper versteckt. In dem Moment, wo sein Körper von den Flammen erfasst wurde, ging ein Feuerwerk los. Er hatte alles in seinen Kleidern versteckt. Und so lachten bald alle Leute, die sich versammelt hatten.

Sie sagten: „Was für ein Mensch! Sein ganzes Leben über brachte er Leute zum Lachen, und jetzt, sogar in seinen letzten Momenten, hat er sich was ausgedacht, um uns zum Lachen zu bringen."

Wir brauchen eine lachende Religion; eine Religion, die lachen kann. Bis auf den heutigen Tag ist die Religion eine trauernde gewesen. Fröhlichkeit ist das dritte Tor. Ihr müsst es lachend durchschreiten. Natürlich kann ein Mensch, der sein ganzes Leben zu einem glückseligen Leben machen möchte, niemals, nicht einmal aus Versehen, jemand anderem Leid zufügen, denn jemand anderen zu verletzen trägt Trauer auch in dein eigenes Leben hinein.

Jemand, der unter blühenden Blumen leben möchte, kann keine Dornen auf den Weg eines andern streuen, denn jemandem Dornen hinstreuen wird den andern veranlassen, Dornen auch auf deinen

Weg zu streuen. Ein Mensch, der traurig und einsam leben möchte, kann auch andere schlecht behandeln, aber wer erblühen möchte, muss Lachen um sich herum verbreiten. Wer glücklich sein will, muss Glück um sich herum verbreiten, denn kein Mensch kann nur für sich selbst glücklich sein. Das muss man sich klar machen. Nur ein Einsamer kann traurig bleiben. Aber im Glück, in Seligkeit, in Fröhlichkeit kann kein Mensch alleine bleiben. Wenn du in einer Ecke sitzt, trübsinnig, elend, ruhelos, verzweifelt, dann wird keiner zu dir kommen und dich fragen, warum du so traurig und alleine da sitzt. Aber wenn du alleine bist und laut lachst, dann wird sehr wohl jemand kommen und dich fragen, ob du vielleicht noch ganz bei Trost bist – du alleine und lachend? Aber wenn du trostlos und alleine herumsitzt, dann fragt dich niemand, was schief gegangen ist.

Ein einzelner Mensch, der lacht, ruft Argwohn hervor. Da gibt es einen Grund dafür. Glückseligkeit ist kommunikativ, Glückseligkeit ist ein Dialog, Glückseligkeit ist ein Merkmal des Ganzen. Man kann in Trauer allein sein, aber glückselig zu sein ist ein Austausch. Deshalb ist jemand um so glückseliger, je mehr Freunde er um sich herum hat, und umso mehr Freunde er um sich herum hat, desto tiefer und umfassender ist sein Glück.

Wenn du traurig sein willst, dann musst du allein sein, und wenn du glückselig sein willst, dann musst du weitläufig leben. Für diejenigen, die das maximale Glück suchen, ist jedes kleinste Teilchen des gesamten Universums freundschaftlich. Und erst dann erreichen sie die maximale Glückseligkeit, nicht vorher.

Glückseligkeit ist der gemeinsame Austausch unter Freunden.

Unglück ist Einsamkeit.

Mag sein, dass du noch nicht wahrgenommen hast, dass wenn du dich traurig fühlst, du allein sein willst. Wenn du dich traurig fühlst, schließt du die Türen und Fenster und liegst in einer Ecke. Wenn du elend bist, fühlst du dich alleine wohler. Aber wenn du voller Glücksgefühle bist, dann reißt du alle Türen und Fenster auf, du gehst auf den Marktplatz, du gehst unter Leute und du rufst laut: „Kommt, ich bin glücklich, kommt näher!"

Glückseligkeit muss weitergegeben werden, Unglück will alleine erduldet werden.

Vielleicht habt ihr nie darüber nachgedacht. An dem Tag, an dem Mahavir, Buddha, Christus oder Mohammed mit Glückseligkeit erfüllt wurden, verließen sie ihre Berge und Wälder und rannten auf den Marktplatz. Solange sie traurig waren, blieben sie in den Wäldern und Bergen. In dem Moment, wo sie voller Seligkeit waren, eilten sie in die Städte, mitten hinein in die Menschenmengen. Vielleicht hat noch nie jemand darüber nachgedacht, warum. Die Leute haben gesehen, wie Buddha, Mahavir, Mohammed, Christus in die Isolation gegangen sind und dann haben sie gesehen, wie sie wieder aus dieser Isolation hervorgegangen sind.

Der Mensch, der in die Einsamkeit gegangen ist, war ein trauriger, ein unglücklicher Mensch. Der Mensch, der zurückkam, war in jeder Hinsicht ein anderer. Er war voller Glückseligkeit, er war aufgeblüht. Sobald sie glücklich waren, eilten sie, um dieses Glück weiterzugeben, rannten sie dahin, wo dieses Glück weitergegeben werden konnte.

Kummer lässt dich zusammenziehen, Glückseligkeit erweitert dich. Kummer schließt dich in dich selbst ein, es konzentriert dich auf dein Ego. Glück vertreibt das Ego. Der Ganges des Lebens fließt in alle Richtungen, überallhin. Wenn du auf das Göttliche aus bist, dann kannst du dich nicht in dich selber zurückziehen. Wenn du das im Auge hast, dann musst du dich in einem derartigen Maß ausweiten, dass nichts mehr von deinem „Du" übrigbleibt, nur noch Ausdehnung bleibt, nur noch das reine Sein bleibt. Du musst in einem derartig umfassenden Maße ein Mitspieler werden, dass die ganze Welt dein Gegenüber wird. Die ganze Welt, die Sonne, der Mond, die Sterne werden deine Freunde. Und was wird dabei herauskommen? – eine lachende Persönlichkeit, eine fröhliche Persönlichkeit, eine quicklebendige Persönlichkeit: jemand, der tanzt. Wie gesagt, je glücklicher du sein möchtest, desto mehr musst du das Glück um dich herum ausbreiten, vergiss das nicht. Dann wird die Glückseligkeit zu dir fließen. Alles, was wir weitergeben, kommt zu uns zurück. Was auch immer wir aus uns heraus verteilen, kommt wie ein Echo zu uns zurück, fließt unserem Leben entgegen.

Das Leben ist ein Echo. Was wir sagen, was wir tun, was wir sind, das genau fängt unmittelbar an, zu uns zurückzufließen, aus allen Richtungen. Wäre es denn möglich, dass ich liebevoll in eure Augen sehe und die Liebe antwortete nicht aus tausend Augen zurück? Es ist möglich, dass eines Tages zwei und zwei nicht vier ist, aber es kann niemals sein, dass Liebe von mir zu euch fließt und als Antwort flösse Hass zu mir zurück. Das ist unmöglich.

Dass zwei und zwei nicht vier ist, ist möglich, denn dass zwei und zwei vier ist, ist nichts als eine Absprache. Das ist nicht eine wirklich wahre Sache. Zwei und zwei kann auch fünf sein, kann auch sechs sein. Das ganze Spiel der Arithmetik ist menschengemacht. Weil wir bis neun zählen, haben wir bis neun Zahlen erfunden. Es ist nicht notwendigerweise so, dass die Zahlen von eins bis neun gehen. Falls sie von eins bis acht gegangen wären, dann wäre das auch okay gewesen. Es könnte auch okay sein, wenn sie nur von eins bis drei gingen, auch das wäre von einem praktischen Nutzen.

Es gibt keinen wissenschaftlichen Nutzen, dass sie von eins bis neun gehen. Keine Mathematik ist an eins bis neun gebunden. Es ist nur eine Übereinkunft, und sie gilt nun einmal für die ganze Welt. Das fing in Indien an. Die Zahlen bis neun wurden in Indien erfunden, und dann wurden sie überall benützt. Aber die Neun ist nicht obligatorisch. Drei ginge auch. Eins, zwei, drei, dann zehn, elf, zwölf, dreizehn, dann zwanzig. Damit kann man auch arbeiten. Wenn wir nur von eins bis drei zählen, dann wäre zwei und zwei zehn. Arithmetik ist ein Spiel in unseren Händen. Sie ist unsere Absprache, keine Wahrheit auf dieser Welt, aber Liebe ist nicht etwas in unseren Händen.

Liebe ist eine unbedingt grundlegende Arithmetik, eine der allerwesentlichsten Wahrheiten. Wenn ich mit Liebe in eure Augen sehe, dann ist es unmöglich, dass etwas anderes zu mir zurückfließt als Liebe. Wenn etwas anderes zurückfließt, dann heißt das zuallererst nur, dass ich nicht mit Liebe geblickt habe.

Wenn ich möchte, dass sich in jedem Moment Glückseligkeit über mich ergießt, dann muss ich meine Fröhlichkeit weitergeben. Das ist die Bedeutung von Glück, von Fröhlichkeit, von Glückseligkeit: Ich gebe meine Lebensfreude weiter. Was kostet es, zu lächeln? Die Menschen sind solche Geizhälse geworden, dass sie nicht einmal mehr lächeln. Es gibt einen derartigen Geiz, dass sie erst denken müssen, am besten zweimal, bevor sie etwas von sich geben, das nicht einmal etwas kostet. Sie müssen sich überlegen zu lächeln. Sie beurteilen und prüfen den Menschen, und entscheiden dann, ob sie ihm zulächeln oder nicht, ob sie ihn kennen oder nicht – und erst dann lächeln sie. Wenn sie einen Fremden sehen, dann verkrampfen sie sich und lächeln nicht. Ist ein Lächeln so teuer? Was brauchst du denn, um etwas auszugeben?

Es gibt eine englische Redewendung: „Es kostet nichts, freundlich zu sein." Was brauchst du, um etwas herauszugeben? Es ist sehr interessant: Wenn du lächelst, kriegst du so viel zurück, dass es schwer zu sagen ist, wie viel das wert ist. Unbekannte Menschen auf der Straße, ein kleines Lächeln und du bekommst Lächeln zurück. Diese Ausstrahlung belebt dich innerlich, Lieder fangen in deinem Innern an zu erklingen, und etwas fängt an, in deiner Lebensmelodie widerzuhallen. Aber nein, wir sind lieber geizig.

Wir haben einen Schwur getan, deprimiert zu sein. Wir können nicht glückselig sein. Wir haben in aller Sturheit entschieden, dass wir deprimiert sind, und nichts anderes. Wir bleiben traurig und mit diesen traurigen Händen treten wir vor die Göttlichkeit hin. Wenn wir Blumen in diesen traurigen Händen halten, beginnen die Blumen zu welken und auch sie werden traurig. Die kann man nicht mehr im Tempel des Göttlichen darbringen. Wenn wir Gebete und Lieder in unser trauriges Sein hereinlassen, dann werden sogar sie traurig, denn das Lied ist so traurig wie der Sänger traurig ist. Es sind nie die Blumen, die im Tempel des Göttlichen dargebracht werden, es ist das Sein dessen, der die Blumen trägt.

Was könnten wir tun, damit wir blühen?

Fragt nicht, was ihr tun könnt, um fröhlich zu sein. Nützt jede

Gelegenheit, fröhlich zu sein und fröhlich zu werden. Wann immer sich eine Gelegenheit ergibt zu lachen, dann lache einfach. In allem, was du tust, erinnere dich daran zu lachen. Immer wenn es möglich ist zu lachen, dann musst du lachen; immer wenn es möglich ist glücklich zu sein, dann musst du glücklich sein. Dann wird nach und nach die Möglichkeit glücklich zu sein wachsen, auch wo du gar nicht glücklich sein kannst. Man braucht ein paar Hinweise, ein bisschen Verständnis. Wenn jemand dieses Verständnis erreicht … Die Wahrheiten des Lebens sind nur denen zugänglich, die auf ihre Reise zu diesen Wahrheiten voller Glückseligkeit und Lebensfreude gehen, die den Weg mit Gesang gehen. Für die ist das eine Pilgerschaft.

Du wachst am Morgen auf, hast du jemals darüber nachgedacht, womit du das verdient hast? Hast du dir jemals darüber Gedanken gemacht? Das Erste am Morgen sollte ein Lebensgefühl von Glückseligkeit und Fröhlichkeit dem Leben gegenüber sein. Bist du jemals beim Aufwachen deinem Leben gegenüber dankbar gewesen? Bist du jemals dem Leben gegenüber dankbar gewesen, dass du einen weiteren Tag bekommen hast, wieder kannst du leben, wieder kannst du deine Augen öffnen, wieder ist das Licht aus der Dunkelheit gekommen. Beim Übergang vom Schlaf in den Tag, ist da jemals das Gefühl der Dankbarkeit für all das in dir entstanden?

Nach dem Aufwachen morgens, hast du da jemals die Hände gefaltet und der Existenz dafür gedankt, dass sie dir einen weiteren Tag gegeben hat, den du gar nicht verdient hast? Als du vergangene Nacht geschlafen hast, konntest du nicht davon ausgehen, dass dir ein weiterer Tag zur Verfügung stehen würde. Wer das nicht glauben konnte, wer nicht das Recht hatte, wer das nicht verdient hatte, wer einen weiteren Tag nicht wert war, hatte einen weiteren Tag bekommen, dem wurde wiederum Leben geben.

Aber nein, wir haben keinen Sinn für irgendeine Anerkennung, kein Gefühl – weder fürs Leben noch für eine Dankbarkeit diesem Leben gegenüber. Das Leben ist uns selbstverständlich, aber wir drücken unsere Dankbarkeit den kleinen, weltlichen Dingen gegenüber aus.

Jemand kommt zu mir und gibt mir ein Handtuch, das ein paar Pennies wert ist und ich danke ihm dafür. Die Existenz überschüttet mich mit dem ganzen Leben, aber dafür entsteht keine Dankbarkeit, Glücksgefühle explodieren nicht in mir, Glückseligkeit wächst nicht in unserem Innern. Wir sind traurig, und wir beschweren uns, wenn wir etwas verloren haben, aber für das, was wir haben, das was uns gegeben wurde, dafür sind wir nicht dankbar.

Jemand bricht sich den Fuß und sofort fängt er an zu jammern, er glaubt nicht mehr an die Existenz des Göttlichen, ob es sie überhaupt gibt oder nicht. Aber dass jahrelang beide Füße tadellos waren, dafür war er nicht dankbar, dafür hatte er keine Anerkennung gehabt. Wir sind nicht glücklich über das, was wir haben, aber das, was wir nicht haben, dafür haben wir Beschwerde und Widerwillen.

Was sind wir doch für Menschen, was für einen Mind wir haben! Ein Dorn sticht uns in unsern Fuß und wir beschweren uns. Jahrelang sind wir gelaufen ohne dass uns ein Dorn gestochen hätte, aber dafür waren wir nicht dankbar. Was ist denn das für ein Mensch? In dem Moment, wo er eine klare Entscheidung getroffen hat, sich zu beschweren, in dem Moment wird er düster.

Es gab einmal einen muslimischen König …

Er hatte einen alten Diener, der mit ihm sein ganzes Leben lang zusammen war. Der König war über diesen alten Diener so stolz, dass er ihn sogar nachts in seinem Zimmer schlafen ließ. Wo immer er hinging, der Diener begleitete ihn. Er war bei ihm auf dem Schlachtfeld und er war bei ihm auch in den Palästen. Wenn er in den Palast eines anderen Königs geladen war, dann war auch da der Diener bei ihm.

Eines Tages gingen sie auf die Jagd und verliefen sich im Dschungel. Sie rasteten für einen Moment unter einem Baum. An dem Baum wuchs eine bestimmte Frucht. Als der König sein Pferd bestieg, streckte er seinen Arm aus und pflückte die Frucht.

Dann schnitt er ein Stück aus der Frucht, und weil es seine Gewohnheit war, auch für den Diener zu sorgen, gab er dieses Stück dem Diener, damit er es probieren möge.

Der alte Mann sagte: „Wunderbar! Ich habe nie eine solche Frucht gegessen wie diese. Möchtest du mir bitte noch mehr davon geben?"

Nach dem zweiten Stück nahm er ein drittes, und bat immer weiter um mehr. Es war so viel Dankbarkeit in seinen Augen, dass der König es ihm nicht verweigern konnte. Schließlich blieb nur ein einziges Stück übrig – und auch dieses Stück wollte der Diener.

Der König sagte: „Du bist verrückt. Willst du mich nicht einmal ein einziges Stück probieren lassen?"

„Nein", antwortete der Diener. „Das schmeckt so gut, aber ich möchte dich das nicht schmecken lassen."

Er versuchte, es aus der Hand des Königs zu erhaschen. Der König wurde ärgerlich. Er sagte: „Also das ist jetzt die Grenze. Du hast die ganze Frucht gegessen, und du sagst, sie schmeckt hervorragend, und du willst diese Frucht mich immer noch nicht probieren lassen?"

Und immer noch versuchte der Diener, ihm diese Frucht aus der Hand zu nehmen.

Der König sagte: „Also das ist jetzt zu viel. Ich habe dir so viele Stücke gegeben, selbst das war schon zu viel, aber ich konnte mir nicht vorstellen, dass du mir nicht einmal ein einziges Stück lassen würdest."

Aber der Diener sagte: „Nein, nein, Majestät", und in seinen Augen waren Tränen. „Bitte gebt es mir."

Aber der König nahm das Stück in seinen Mund. Es war so bitter wie Gift. Er sagte: „Bist du denn verrückt? Das ist ja das reinste Gift. Warum hast du das denn überhaupt gegessen?"

Der alte Mann sagte: „Eure Hände haben mir so viele süße Früchte zu essen gegeben, sollte ich jetzt wegen einer einzigen bitteren Frucht jammern? Diese Hände haben mir so viele süße Früchte gegeben, also kann ich nicht so undankbar sein und mich über eine bittere Frucht beklagen. Und sie wurde mir von Euren Händen gegeben. Mag die Zunge gesagt haben, sie sei bitter, aber mein Sein hat das nicht so gesagt. Die Frucht kam aus Euren Händen, die Zunge mag gesagt haben sie sei bitter, mein Sein sagte das nicht. Die Hände, die mir so viele süße Früchte gegeben haben – was kann an einer bitteren Frucht falsch sein, dass ich mich beschweren könnte? Nein, so undankbar bin ich nicht", sagte der alte Mann.

Aber wir sind so undankbar. Angesichts der unzähligen Lebensfreuden nehmen wir die göttliche Präsenz gar nicht mehr wahr, aber sobald eine kleine Sache schiefläuft, dann sind wir sofort hellwach. Mit diesem Herangehen ans Leben, mit dieser Lebensperspektive haben wir uns ausgestattet, damit wir trübsinnig und elend bleiben können. Der Mensch ist unglücklich, weil sein Lebenskonzept falsch ist. Wenn du Glückseligkeit erreichen willst, musst du deiner Dankbarkeit Wurzeln verleihen für das, was dir gegeben ist. Du musst deine Dankbarkeit für alles das ausdrücken, was du hast, für das, was du erhalten hast, das was dir gegeben worden ist, das was über dich vierundzwanzig Stunden lang ergossen wurde, für diesen ganzen unendlichen Schatz, den du erhalten hast, und den du genießt. Nur dann können wir fröhlich und glückselig sein.

Ein Mann ging auf eine Reise, er ritt auf einem fantastischen Pferd, und jeder, der dieses Pferd sah, wurde von Neid ergriffen. Kein Mensch hatte je so ein schönes Pferd gesehen. Seine Ausstrahlung, seine Schnelligkeit, sein Galoppieren, sein Glanz, der Klang seiner Hufe; es war ein außergewöhnliches Pferd.

Die Nächte verbrachte der Mann außerhalb der Stadt. Nachts band der Mann das Pferd an. An welcher Stadt er auch immer vorbei kam, immer sagten ihm die Leute, er möchte das Pferd um jeden Preis dieser Welt dort lassen.

Der Mann sagte: „Ich habe mich in dieses Pferd verliebt, und Liebe kann nicht verkauft werden – egal wie hoch der Preis wäre, das steht auf keinen Fall zur Debatte. Was könnt ihr auch zahlen? Was ihr auch anbieten könnt, Liebe kann nicht verkauft werden. Ich liebe das Pferd, und damit ist alles gesagt. Ein Handel kommt nicht infrage."

Aber die Leute waren neidisch auf dieses Pferd. Sie warteten auf eine Gelegenheit. Eines Nachts leinte er das Pferd an einen Baum an und legte sich schlafen. Als er am nächsten Morgen aufwachte, war das Pferd fort. Vielleicht hatte es jemand gestohlen oder jemand hatte es weggeführt.

Die Nachricht verbreitete sich in der Stadt, dass das prächtige Pferd gestohlen worden wäre. Eine Menge lief zusammen. Sie sagten dem Mann, dass sie bedauerten, das zu hören. Er aber rannte überall in der Stadt herum, kaufte Süßigkeiten und verteilte sie an die Bewohner und sagte: „Gott sei Dank!"

Die Leute fragten: „Was ist passiert, dein Pferd ist gestohlen worden. Was gibt es da, wofür man sich bei Gott bedanken müsste?"

Er sagte: „Ist es nicht genug, dass ich es nicht geritten hatte als der Dieb kam, dass ich in der Nähe schlief? Ich bin so dankbar für das Mitgefühl Gottes, deshalb verteile ich diese Wohltaten."

Kann so ein Mann traurig sein? Kann man so einen Menschen beschweren, belasten, unglücklich machen? Nein, diese Haltung dem Leben gegenüber ist so, dass sie Fröhlichkeit zur Entfaltung bringt. Sein Pferd ist gestohlen worden und er sagt: „Ich hätte es reiten können, also muss ich nicht dankbar sein? Es ist sein Mitgefühl, seine Freundlichkeit, dass das Pferd erst gestohlen wurde, als ich schlief."

Kann man denn nicht so auf das Leben schauen? Das wäre die Sicht eines religiösen Menschen. Der Unreligiöse wird nur sehen, dass das Pferd gestohlen wurde, der Religiöse wird sehen, dass er gerettet worden ist. Reicht denn das nicht?

Ob wir traurig sind oder glücklich, ob wir glückselig sind oder elend, ob wir voller Dunkelheit sind oder voller Licht, alles hängt davon ab, wie wir auf das Leben schauen, wie wir das Leben sehen. Sehen wir es optimistisch? Sehen wir seine strahlende Seite, wo die weißen Blumen blühen oder sehen wir wo die Dornen wachsen? Von welcher Sicht aus sehen wir auf das Leben? Messen wir das Leben am Mond und den Sternen, oder an den dreckigen Wassergräben? Von woher stellen wir den Messwert ans Leben?

Gücklichsein blüht auf, wenn jemand auf das Leben mit einem optimistischen Blick schaut. Diejenigen, die auf das Leben mit einem pessimistischen Blick gesehen haben, sind traurig geworden, und wegen dieser traurigen Leute ist die Religion unrein geworden. Damit alle diese Tempel wieder rein werden, wird so viel Glücklichsein gebraucht, so viel Lächeln, so viele Blumensträuße voller

Lachen gebraucht; sonst bleiben die Tempel Horte des Trübsinns. Die Luft in diesen Tempeln ist jetzt schwermütig wie ein Friedhof. Die Leute, die da drin sind, sind eigentlich tote Leute. Sie sind praktisch tot, nur noch ihre Körper sind da, und unsere gesamte Existenz ist um diese Leichname herum drappiert.

Nein, das muss man ändern. Das muss in Gänze aufgelöst werden. Mit der größten Entschiedenheit muss dieses trübsinnige Gesicht der Religion zerstört werden. Was gebraucht wird, ist eine lachende Religion, die uns beglückt wie das Licht der Sonne, eine lächelnde Religion, eine lebendige Religion.

Mit diesem dritten Schritt will ich euch auffordern, euer Leben in Freude zu verwandeln und euch jeden Moment daran zu erinnern, weder in einer Haltung zu denken noch zu leben, die Trauer kreiert, oder sie vervielfältigt.

In Rom hatte ein großer Kaiser die Exekution seines größten und ältesten Ministers angeordnet. Es war der Geburtstag des Ministers und viele Freunde hatten sich in seinem Palast eingefunden. Musiker waren da, und männliche und weibliche Tänzer ebenfalls. Es war eine Geburtstagsfeier. Gegen elf Uhr kamen die Leute des Kaisers. Soldaten mit gezückten Schwertern umzingelten den Palast. Ein Bote ging in den Palast und überbrachte die Nachricht, dass der Minister um sechs Uhr abends getötet werden sollte.

Düsternis verbreitete sich sofort überall. Die Leute weinten und schlugen sich auf die Brust. Das Haus, das ein einziger Tanz gewesen war, war mit einem Mal tot. Überall war Totenstille. Alles Tanzen und alles Singen hatte aufgehört, alle Instrumente schwiegen. Das Kochen des Essens und alle Vorbereitungen für die Festtafel kamen zum Erliegen. Die Freunde, die sich da eingefunden hatten, bekamen Angst. Komplette Düsternis überall. Sechs Uhr – Tod heute um sechs Uhr abends! Niemand hatte damit gerechnet, dass dieser Geburtstag zu einem Todestag werden würde.

Der Minister, der an diesem Abend sterben sollte, hatte die ganze Zeit den Tänzen zugesehen. Er erhob sich und sagte: „Lasst die Instrumente nicht schweigen. Es hat sonst keinen Zweck, den Tänzen zuzusehen. Ich will jetzt auch noch mittanzen, denn das ist heute mein letzter Tag. Danach wird es keine weiteren Tage mehr für mich geben. Es bleibt genügend Zeit für diesen einen Tag, und weil es der letzte Abend ist, kann ich ihn nicht mit Trübsinn vergeuden. Gäbe es noch mehr Tage, dann könnte ich mir diesen Luxus erlauben, traurig zu sein, dann könnte ich mir diesen Luxus leisten. Aber jetzt ist dafür kein Platz. Lasst mich heute tanzen, lasst mich heute singen, heute wollen wir uns umarmen, das ist mein letzter Tag."

Aber das Haus war so traurig geworden, dass sogar die Musikanten ihre Instrumente abgesetzt hatten. Sie konnten auf ihnen nicht mehr spielen, weil ihre Hände wie gelähmt waren.

Sie sahen völlig schockiert aus. Der Minister sagte: „Was ist denn los? Warum seid ihr so traurig?"

Sie sagten: „Während der Tod dir ins Gesicht schaut, wie können wir da glücklich sein?"

Der Minister sagte: „Wer sich nicht im Angesicht des Todes freuen kann, kann niemals das Leben genießen. Der Tod steht euch jeden Tag gegenüber. Wann war das jemals sicher, dass ich nicht am Abend tot wäre? Ich hätte jeden Tag, jeden Abend tot sein können. Nach meiner Geburt war dieser Moment des Todes der einzige Moment, der jederzeit hätte passieren können. Der Tod wartet immer. Er ist unmittelbar da. Wer sich nicht im Angesicht des Todes freuen kann, der kann sich niemals in seinem Leben freuen."

Der Minister fuhr fort: „Vielleicht wisst ihr nicht, dass für diejenigen, die im Angesicht des Todes glücklich sein können, der Tod gar nicht mehr vorhanden ist. Der Tod wird von denen besiegt, die im Angesicht des Todes lachen können."

Was konnte man tun? Als der Minister anfing zu tanzen, fingen auch die Musiker an zu spielen, mit müden und schwachen Händen. Die Instrumente klangen noch unsauber, die Leute waren traurig, aber jetzt wo der Minster anfing zu tanzen ...

Der Kaiser hörte die Neuigkeiten und kam, um alles mit eigenen Augen zu sehen. Das hatte er sich so nicht vorgestellt. Er hatte den Geburtstag des Ministers ausgesucht, um tiefe Rache zu üben. In der

Mitte des Festes würde es ihn schwer treffen, wenn alle seine Freunde da wären, dann sollten diese Nachrichten in das Fest hineinplatzen. Das hatte er sich so aus Rache ausgedacht.

Als die Boten ihn nun informierten, dass der Minister tanzte, dass er gesagt hatte, dass er diesen Tag nicht verpassen könne, wenn er am Abend sterben müsse – dass er sagte, lasst uns tanzen, lasst uns singen, lasst uns umarmen, lasst mich so sehr lieben wie ich nur kann, und ihr liebt mich auch so sehr ihr könnt, denn man darf keinen einzigen Moment versäumen, kam er, um zu sehen, was da passierte.

Der Minister tanzte, ganz allmählich wurde die tote Atmosphäre des Hauses wieder lebendig. Die Instrumente wurden wieder gespielt, Lieder wurden wieder gesungen

Der Kaiser sah das alles und war überrascht. Er fragte den Minister: „Du hast gehört, dass du am Abend sterben würdest, und trotzdem lachst und singst du?"

Der Minister sagte: „Ich danke dir. Ich habe noch nie so tiefe Glückseligkeit erfahren wie heute, und ich danke dir, dass du mir das heute verkündet hast. Heute sind alle meine Freunde hier bei mir. Heute waren alle die da, die mich lieben und die ich liebe. Keine Zeit kann schöner sein als diese. Man kann nicht gesegneter sein, als die Möglichkeit zu haben, unter seinen geliebten Freunden zu sterben. Du hast einen sehr bedeutsamen Tag ausgesucht, meinen Geburtstag. Und ich wusste nicht einmal … Ich habe viele Geburtstag gefeiert, ich habe sie in vielfältiger Weise genossen, aber ich habe niemals etwas derartig Glückseliges erlebt. Mir war nicht bewusst, dass Glückseligkeit diese Intensität haben kann. Das wusste ich nicht. Dadurch, dass du mich mit dem Tod so unmittelbar konfrontiert hast, hast du meiner Glückseligkeit eine unvorstellbare Tiefe verliehen. Die Herausforderung, die du mir gegeben hast, und die Glückseligkeit, beides ist so unglaublich tief geworden. Heute fließe ich über vor Glück. Wie kann ich dir dafür danken?"

Der Kaiser stand da, fassungslos. Er sagte: „Es ist Unfug, einen Mann wie diesen zu hängen. Ich dachte, ich könnte dir wehtun, aber dir kann man nicht wehtun. Wenn der Tod dich nicht unglücklich machen kann, dann ist es sinnlos, dich in den Tod zu schicken. Du kennst die Kunst zu leben, und so wird auch der Tod unbedeutend.“

Wer die Kunst des Lebens beherrscht, der ist nie gestorben, kann nie sterben, und wer auch immer die Kunst des Lebens nicht kennt, der steht unter der Illusion zu leben. Er lebt gar nicht, er ist niemals lebendig gewesen. Weder lebt er, noch kann er jemals leben. Ein trauriger Mensch ist weder lebendig noch kann er jemals leben. Er kennt ja nicht einmal die Kunst des Lebens.

Nur wer lacht, wer glücklich ist, wer fröhlich ist, wer Perlen und Diamanten der Freude in Steinen und Kieseln entdecken kann, wer die Strahlen des Göttlichen in den kleinen Freuden des Lebens entdecken kann, diejenigen, die das göttliche Mitgefühl in kleinen Seligkeiten erfahren können – nur die können leben, nur die haben jemals gelebt. Keiner sonst hat den Schlüssel des Lebens, er ist ja gar nicht lebendig.

Was gebraucht wird, das ist Heiterkeit, die alles vom Morgen bis zum Abend durchdringt, tagtäglich, selbst in den Träumen. Was wir brauchen, das ist ein Lied, das unser gesamtes Leben durchdringt. Im Stehen, im Sitzen wird unser Leben so zu einem Tanz, zu einer unaufhörlichen Freude. Nur dann kommen wir allmählich der Göttlichkeit näher. Nur lachende Menschen werden gebraucht, nur lächelnde Menschen sind eingeladen.

Und das Dritte: Nur wenn du mit all dem experimentierst, wird das möglich sein. Denn wie soll das sonst möglich werden?

Letzte Nacht fragte ein Freund nach den Tränen, die in der Meditation fließen. Heute ein anderer:

Ist auch Lachen möglich?

Lachen ist unbedingt möglich. Da gibt es kein Problem. Auch das braucht man nicht zurückhalten. Wenn dein ganzes Sein lachen kann, bereit ist, überzufließen, dann muss auch das nicht zurückgehalten werden. In Meditation ist auch das möglich; dass so etwas passiert. Meditation ist niemals Unterdrückung.

Ob Tränen oder Lachen, was auch immer zum Ausdruck gebracht werden möchte, was auch immer sich ausformen will muss erlaubt sein. Habt einfach keine Angst. In welcher Art auch immer das Sein wirken möchte, erlaube es. Endlich einmal sollten wir unserem Sein erlauben so zu sein wie es möchte. Mit dieser Leichtigkeit, mit dieser Spontaneität kannst du Zugang erhalten zu deinem authentischen Sein. Erinnere dich immer an diesen dritten Schlüssel, und lass ihn überall in deinem Leben zur Geltung kommen.

Lasst uns jetzt zur Morgenmeditation niedersetzen.

Es sollte nicht einmal das kleinste Reden geben. In einer Atmosphäre der Stille kann selbst ein bisschen Reden wie ein Steinschlag wirken, so, als würdest du einen Stein ins Wasser werfen. Überhaupt kein Reden, keine Geräusche. Bewegt euch ganz leise, so als würde sich keiner bewegen. Und setzt euch dann ruhig nieder. Heute ist der dritte Tag. Dieses wird die letzte Morgenmeditation sein. Ihr werdet dieses Experiment mit all eurer Konsequenz ausführen. Manche Freunde tun das mit aller Konsequenz, und sie werden erfolgreich sein. Manch andere bringen nicht ihre ganze Konsequenz ein. Wer weiß, wie viel Furcht da ist. Ihre Ängste behindern sie.

Wenn du nur die Hälfte deiner Kraft einbringst, dann wird nichts passieren. Manche Freunde benützen ihre Kraft überhaupt nicht. Das sind aber nur ein paar. Sie schauen sich die anderen an, um zu sehen, was mit ihnen passiert. Von dem, was mit anderen passiert, wird bei dir gar nichts geschehen. Was im Innern eines anderen Menschen passiert ist etwas, was du niemals wissen kannst. Lass es sein, dir über andere Gedanken zu machen. Denk nur darüber nach, was in dir selber passiert.

Das ist nicht so was wie ein Unterhaltungsprogramm, das wir als Außenstehende beobachten können. Das ist etwas, was du nur dann erfahren wirst, wenn es dir geschieht. Also kümmere dich nicht um andere, dass da jemand gekommen ist und anders ist. Hier gibt es keinen anderen. Sei du nur du allein - und lasse das Experiment geschehen mit deiner ganzen Totalität.

Zuallererst sitzen wir bequem und lassen unseren Körper völlig entspannen. Wer die Augen schließen möchte kann sie schließen, wer keine Probleme damit hat die Augen halb geöffnet zu haben, kann sie halb geöffnet lassen, sie blicken nur auf die Nasenspitze, nur so weit sollten sie geöffnet sein. Selbst wenn du nur ein wenig Anspannung fühlst, dann schließe sie ganz.

Dann lass deinen Körper ganz still sein. Heute musst du deine ganze Kraft aufwenden. Du sollst sie nicht einmal ein kleines bisschen zurückhalten. Du bringst keine Angst herein. Morgen früh werden wir nicht mehr hier sitzen.

Lass deinen Körper still und entspannt sein. Dann frage deinen Mind mit deinem ganzen Willen, mit all deiner Stärke: „Wer bin ich?" Lass diesen Klang in deinem ganzen Sein widerhallen, lass ihn in jede einzelne Zelle hinein. Jede einzelne Faser deines Körpers sollte aufhorchen, sollte erschüttert werden und sollte fragen: „Wer bin ich?"

Frage weiterhin in deinem Innern: „Wer bin ich? Wer bin ich? Wer bin ich?" Benütze dafür diesen ganzen Zypressenwald. Das Rauschen der Brandung sollte im Vergleich dazu viel leiser sein. Benütze deine ganze Kraft. Gerade so, als würde jemand mit seinem ganzen Körper ins Wasser springen, genauso springe in diese Frage hinein. Frage schnell und intensiv: „Wer bin ich?" Dazwischen sollte nicht ein kleiner Moment zum Ausruhen bleiben. Du bist allein. Jeder ist allein. Frage zehn Minuten lang mit aller Intensität. Dringe mit aller Macht in dein Sein, sodass sich die Fragestellung tief in dich hineingräbt. Lass den Brunnen dieser Frage „Wer bin ich?" unendlich tief werden.

Du musst weiterfragen: „Wer bin ich?" bis zum Ende, bis es die Tiefe deines Seins erreicht. Da ist die Antwort, sie wird kommen. Aber du frage weiter: „Wer bin ich? Wer bin ich? Wer bin ich?"

Kapitel 7

Wir durchschreiten das Feuer der Läuterung

Jetzt sind wir am vierten Tor des göttlichen Tempels angelangt, es ist mit „Läuterung“ überschrieben. Nach den Toren „Mitgefühl“: „Freundlichkeit“ und „Fröhlichkeit“ muss der Sucher jetzt das Tor der Läuterung durchschreiten, und es wird schwierig sein, Läuterung zu verstehen, nachdem man sich mit Mitgefühl, Freundlichkeit und Fröhlichkeit auseinandergesetzt hat.

Alle diejenigen, die sich dem Göttlichen nähern möchten, müssen sich nun einer Haltung der Läuterung befleißigen gegenüber allem, das nicht göttlich ist. Diejenigen, die in Richtung Wahrheit streben, müssen sich einer Haltung befleißigen, die einen Prozess der Reinigung ausdrückt gegenüber allem, was falsch ist. Diejenigen, die sich für das Wesentliche engagieren wollen, müssen sich einer Haltung der Läuterung befleißigen gegenüber dem Unwesentlichen. Selbst nachdem diese drei Tore durchschritten sind, wird es immer noch eine Menge im Menschen geben, das unnütz, das Müll ist. All dieser Müll muss vor dem vierten Tor zurückgelassen werden, denn nichts davon kann ins Göttliche hinübergerettet werden. Um dahinein gelangen zu können, musst du vollständig rein und leer sein. Hier musst du nun die letzten Masken hinter dir lassen.

Am vierten Tor muss alles zurückgelassen werden – alle Verkleidungen, alle Masken, die ganze Persönlichkeit, von der wir dachten, sie sei bis jetzt wertvoll, egal womit wir auch immer uns geschmückt haben, was auch immer wir mit großer Sorgfalt zusammengetragen haben. Unsere gesamte Persönlichkeit muss vor dem vierten Tor abgestreift werden. Erst wenn wir alles und jedes vor dem vierten Tor zurückgelassen haben, ist der Eintritt ins Göttliche durch das vierte Tor überhaupt erst möglich. Jetzt muss alles Unwesentliche, Nutzlose, alles, was uns besetzt hat, all das muss im Feuer der Läuterung verbrannt werden.

Läuterung ist negativ. Die drei Tore, über die wir bisher gesprochen haben, waren positiv. Diese drei Tore – die Tore Mitgefühl, Freundlichkeit und Fröhlichkeit – bezeichnen jeweils positive Eigenschaften. Läuterung ist keine positive Eigenschaft. Diese drei Eigenschaften waren da, um sich von innen her zu etablieren. Dieses vierte Attribut aber ist nicht dazu da, sich innerlich zu manifestieren, vielmehr soll es etwas negieren, es soll alles das ausschalten, was unnütz ist, was unwesentlich ist, was sich in den Reisen vieler Leben angesammelt hat.

Dieses vierte Tor ist ganz entschieden negativ. So wie Gold erst durchs Feuer gehen muss, um rein und verfeinert zu sein – alles, was unnütz ist, was nicht wirklich Gold ist, ist weggebrannt worden und hat das Gold makellos gemacht. Dementsprechend muss auch der Sucher im allerletzten Moment durch das Feuer der Läuterung gehen, damit alles Unwesentliche losgelassen, zerstört werden kann, und nur das Unzerstörbare bleibt zurück.

Nur dadurch, dass das Gold durchs Feuer gegangen ist, erst dadurch hat es wahrnehmen können, dass es etwas in sich trug, das unzerstörbar ist: Das was zerstört worden ist, war nicht das Gold, war nicht meine Natur, war nicht meine Seele. Ich bin das, was zurückgeblieben ist. Nur weil ich durchs Feuer gegangen bin, weiß ich, was wirklich ist in mir, und nur so kann ich erkennen, was nutzlos war und was es wert ist, verneint zu werden. Nachdem ich durch den Prozess der Läuterung gegangen bin, kann nun das, was übrig geblieben ist, ins Göttliche überführt werden. Das, was verbrannte, was zerstört wurde, was Asche geworden ist, wird am Eingang zurückgelassen.

Was ist die Bedeutung von Läuterung?

Lasst mich zuerst eine Geschichte erzählen, damit ihr tiefer verstehen könnt, was Läuterung bedeutet …

Ein junger Mönch lebte in einem kleinen Dorf in Japan. Er war sehr schön, sehr lebendig und sehr anmutig. Durch seine faszinierende Ausstrahlung war er bald überall bekannt und so hatte er schnell sehr viele Herzen erobert. Er war bald jedermanns Liebling. Nach ein, zwei Jahren war er sowas wie die Seele des Dorfes, alle beteten ihn an. Aber eines Tages verkehrte sich das ins Gegenteil, plötzlich verdammten ihn alle.

Es war noch früh an einem Wintermorgen. Das ganze Dorf lief vor der Hütte des Mönchs zusammen, und kaum dass sie da waren, hatten sie auch schon seine Hütte in Brand gesetzt. Der Mönch saß daneben, er hatte sich gesonnt. Er fragte sie: „Was ist los? Was ist passiert? Warum sind so viele Leute in aller Frühe hierhergekommen und warum wurde meine Hütte in Brand gesetzt? Was ist passiert? Was ist los?“

Einer der Dorfbewohner trat hervor, warf dem Mönch ein neugeborenes Baby in den Schoß und sagte: „Du fragst, was los ist? Erkenne dieses Kind an!“ Der Mönch blickte sehr aufmerksam auf das Kind und sagte: „Ich weiß noch nicht einmal wer ich bin, wie kann ich also dieses Kind erkennen? Wer ist das Kind? Ich kenne es nicht.“

Die Leute lachten und warfen Steine nach dem Mönch. „Du tust so, als wärst du unschuldig und wüsstest von nichts. Die Mutter dieses Kinds sagt, dass es dein Kind ist. Deshalb sind wir hier alle zusammengelaufen. Das Bild, das wir uns von dir gemacht haben, ist dahin, wir nehmen die ganze Bewunderung dir gegenüber zurück, und wir wollen dich hier im Dorf nicht mehr sehen.“

Der Mönch sah sie an. Seine Augen waren voller Liebe, so wie seine Augen immer voller Liebe waren, aber an diesem Tag war sein liebevoller Blick wirklich sehenswert. Aber die Dorfbewohner konnten diese Liebe nicht wahrnehmen.

Sie waren so voller Wut, dass die Botschaft der Liebe ihre Herzen nicht erreichen konnte. Sie sahen diese Augen nicht, die vor Mitgefühl überflossen. Wie können denn Blinde die Sonne sehen? Die Sonne kann an der Tür stehen und warten, aber die Blinden bleiben blind. An diesem Tag waren sie blind vor Wut, voller Verachtung.

An diesem Tag konnten sie die Strahlkraft des Mönchs nicht wahrnehmen.

Er lachte. Das Baby fing an zu weinen und fiel von seinem Schoß herunter. Er versuchte, das Baby zu beruhigen. Die Leute fragten ihn: „Sag uns, ist das dein Kind oder nicht?"

Der Mönch sagte nur so viel: „Ist es so? Wenn ihr es sagt, dann wird es wohl so sein." Die Leute aus dem Dorf gingen wieder heim.

Am Nachmittag ging der Mönch wieder betteln. Aber wer würde ihm etwas geben? Keiner. Diejenigen, die immer seine Füße berühren wollten, die stets den Staub von seinen Füßen wischen wollten, um ihn sich auf ihre Stirne zu streichen, machten die Tür zu, sobald sie ihn sahen. Manche spuckten ihn an und warfen Steine nach ihm. Der Mönch rief laut im Dorf herum, dass es vielleicht sein Fehler gewesen wäre, aber nicht der dieses unschuldigen Babys, das brauche Milch. Aber das Dorf war sehr grausam geworden. Niemand im Dorf wollte ihm Milch geben, auch nicht für das Kind.

Er ging weiter und kam vor das Haus, in dem das Mädchen lebte, das ihn beschuldigt hatte, dass er der Vater des Babys wäre.

Er rief: „Gib mir ein wenig Milch, wenigstens für das Baby."

Das Mädchen kam heraus, fiel ihrem Vater zu Füßen und sagte: „Vergib mir. Ich habe keine Beziehung mit diesem Mönch. Ich habe ihn beschuldigt, um das Leben des wirklichen Vaters zu retten."

Die Leute liefen wieder zusammen. Der Vater fiel dem Mönch zu Füßen und bat ihn, das Kind wieder zurückzugeben. „Das Kind ist nicht dein Kind."

Und wieder sagte der Mönch: „Ist das so? Ist das Kind nicht mein Kind?"

Die Leute sagten: „Wie verrückt du bist! Warum hast du uns denn heute morgen nicht gesagt, dass dieses Kind nicht deines ist?"

Der Mönch sagte: „Was macht das für einen Unterschied? Schließlich muss das Kind doch jemandem gehören. Dann macht es keinen Unterschied, wessen Kind es ist. Ein Kind ist ein Kind, so viel ist klar; alles andere macht keinen Unterschied. Ihr habt schon eine Hütte in Brand gesetzt, und ihr habt schon einen Mann beschimpft.

Hätte ich euch gesagt, dass das Kind nicht meines ist, dann hättet ihr noch ein zweites Haus in Brand gesetzt und noch einen zweiten Mann misshandelt, wo ist da der Unterschied?"

Die Leute sagten: „Du bist wirklich verrückt. Dein Ansehen war dahin, aber du bist ruhig geblieben, obwohl das Kind nicht deins gewesen ist."

Der Mönch sagte: „Wenn ich mich um mein Ansehen gesorgt hätte, wäre ich am vierten Tor festgesessen. Ich sorge mich nicht um mein Ansehen, ich erwarte nicht, respektiert zu werden. Das Ansehen, das ich bei euch hatte, war nie von mir ersehnt, nie von mir verlangt. Ihr habt es mir gegeben, ihr habt es mir genommen; es lag in euren Händen. Ich hatte es nie gewollt und so hatte ich auch kein Recht, zu verhindern, dass ihr es mir wieder entzogen habt.

Die Leute sagten: „Was für ein viertes Tor?"

Ich rede zu euch über das gleiche vierte Tor. Über diesem vierten Tor steht „Läuterung". Läuterung gegenüber all dem, was im Leben unwesentlich ist. Der junge Mönch gab ein sehr deutliches Beispiel für diese Läuterung. Er kümmerte sich nicht im Geringsten darum, was die Leute sagen. Er kümmerte sich nicht um die öffentliche Meinung. Jemand, der sich um die öffentliche Meinung kümmert, kann nie Göttlichkeit erlangen, denkt daran. „Was werden denn die Leute sagen?" – nichts ist so schwach und so ohnmächtig wie diese Einstellung. Die Menschen, die sich darum scheren, was andere Leute sagen, werden in den Lügen sterben, aus denen die Massen sind. Sie werden nie in der Lage sein, die Wahrheit zu finden.

Wenn man die Wahrheit finden will ist es wichtig, von den Massen unabhängig zu werden. Deren Ideen sind überall um uns herum, als ein tausend Jahre altes Massenbewusstsein, das von unzähligen falschen Meinungen geprägt worden ist. Diese unendlich vielen Irrtümer sind öffentliche Meinung geworden. Die öffentliche Meinung sagt, dies ist falsch, jenes ist falsch, das ist richtig, wir werden das anerkennen, aber nicht jenes. Wer auch immer von dieser öffentlichen Meinung respektiert werden will, wer auch immer von ihr anerkannt werden will, bleibt auf dem allerniedrigsten Niveau und da wird er dann auch sterben.

Nein, die, die sich auf die Suche nach Wahrheit gemacht haben, die haben keine Gier nach Ehre, die haben kein Bedürfnis nach Achtbarkeit. Sie können einverstanden sein, um der Wahrheit willen verurteilt zu werden oder sich respektlos behandeln zu lassen, aber sie können nicht einverstanden sein, um falscher Dinge willen angesehen zu sein. Es ist sehr verblüffend, dass wir die öffentliche Meinung so fürchten.

Tausende Menschen gehen in den Tempel, weil sie von den Leuten um sie herum dann gesehen und für religiöse Menschen gehalten werden. Doch weder ist das für sie irgendein Anliegen, noch sehen sie in der Religion irgendeine Bedeutung, und Gebete bewegen auch in keiner Weise ihr Herz. Aber die Augen der Menschen um sie herum sagen ihnen, dass ein Mensch, der in den Tempel geht, ein religiöser Mensch sei. Also gehen sie in den Tempel und gehen wieder heim, und das ist alles. Wie sind solche verlogenen Menschen in die Welt der Religion geraten? Sie tun das nur, weil die Leute das gut finden. „Was werden die Leute sagen?", das ist die ganze Philosophie ihres Lebens.

Wenn diese Leute die Wahrheit gefunden hätten, dann wäre die Welt eine andere, aber die Wahrheit ist nicht in ihren Händen. Der Schatz der Wahrheit ist nicht in den Händen der Massen. Der Schatz der Wahrheit ist immer nur in den Händen individueller Menschen. Keine Menschenmenge kann jemals den Tempel des Göttlichen betreten. Ein einzelner Mensch betritt ihn jeweils, in seinem Alleinsein. Insofern ist ein Mensch, der sich nicht gegen die Massen zu stellen traut, niemals in der Lage, den vierten Tempel zu betreten. Er wird niemals in der Lage sein, dieses vierte Tor zu durchschreiten, denn dieses vierte Tor ist sehr anstrengend.

Selbst wenn die ganze Welt sagt, dass etwas die Wahrheit ist, wenn es dir nicht wie die Wahrheit erscheint, dann vergiss die ganze Welt; sei der ganzen öffentlichen Meinung gegenüber gleichgültig – was immer sie auch alle sagen. Sogar wenn es die Tirthankaras, die

Buddhas, die Propheten sagen, wenn deine Weisheit nein sagt, dann ignorierst du einfach die Geschichte all dieser Jahre, lass dich nicht von der Tradition beeinflussen. Nur dann wirst du in der Lage sein, das vierte Tor zu durchschreiten, andernfalls niemals.

Ein Mann, der seine Intelligenz verkauft und der dann aus Angst sagt: „Ich glaube das, weil die Leute es so sagen, ich glaube das, weil Mahavir es so sagt, ich glaube das, weil Krishna es so sagt, ich glaube das, weil die Mystiker es so sagen, ich glaube das, weil Zarathustra es so sagt, ich glaube das, weil soundso es so sagt", der wird in der Welt des Glaubens untergehen. Er wird niemals in der Lage sein, in die Welt des Wissens einzugehen. Wer auch immer sich dem Wissen nähern will, sich der Erkenntnis nähern will, der muss die ganze Tradition des Glaubens einreißen. Er braucht eine ungeheuer tiefe Läuterung, sodass er der ganzen Welt gegenüber sagen kann: „Okay, ich gehe diesen Weg, diesen Weg der Eigenständigkeit", damit er die ganze Welt ignorieren kann, alle öffentlichen Meinungen, alle Auffassungen der Massen. Das ist das größte Hindernis auf dem Weg eines Menschen der Wahrheitssuche – auf seinem Weg ist diese Gefahr so groß wie ein Gebirge.

Was es braucht ist eine intensive und tiefe Läuterung und diese Läuterung muss total sein. Wenn du das recht verstehst, dann kann nur jemand mit einer derartigen Lauterkeit ein wirklich spiritueller Mensch genannt werden. Nur so einer hat entsagt, nur so einer ist ein Sannyasin. Was ist die eigentliche Bedeutung eines Entsagenden? Ein Entsagender ist einer, der aufgehört hat, an was auch immer zu glauben, außer an die Wahrheit. Für den existiert nur noch die Wahrheit. Er ist jetzt auf der Seite von Wahrheit, gleichgültig allem anderen gegenüber. Der Mensch, der dieses vierte Tor erreicht hat, steht am Eingangstor zu Sannyas. Wenn er durch dieses Tor geht, dann hat er die Welt betreten, in die alle Entsagenden eingetreten sind. Er ist auf die Höhe jenes Himmels empor gestiegen, wo alle Grenzen fallen. Er geht in die Welt des Jenseitigen ein.

Diejenigen, die in diesen Aussagen: „Ich bin ein Hindu, ich bin ein Moslem, ich bin ein Jaina, ich bin ein Parse" feststecken, die können niemals jenseits dieses vierten Tors gelangen. Insofern ist niemals ein Hindu, niemals ein Moslem, niemals ein Christ durch dieses Tor gekommen. Nur diejenigen, die diese Dummheit, ein Hindu, Moslem, Christ zu sein, überwunden haben, die sind darüber hinaus gelangt. Was auch immer sie gelehrt wurden, womit sie großgeworden sind – die Meinungen, die Doktrinen, die Schriften, die man ihnen seit der Kindheit eingetrichtert hatte –, die verschwinden mit der Läuterung und sagen: „Okay, jetzt will ich das für mich selber herausfinden, also will ich dahin gehen. Jetzt bin ich nicht mehr damit zufrieden, das zu glauben, was andere wissen."

Es ist sehr schwer, äußerst mühselig, weil diese Konditionierungen sich in unserem Leben sehr tief verankert haben; sie haben sich in unserem Unterbewusstsein festgesetzt. „Ich bin ein Hindu" hat sich auf einer sehr tiefen Ebene verankert. Es hat sich auf einer sehr tiefen Ebene verankert, dass in der *Gita* Wahrheit sei; es hat sich sehr tief in unserem Verstand festgesetzt, dass die Bibel die höchste Schrift sei; es ist in unserem Bewusstsein sehr tief verankert, dass die Vedas übermenschlich seien und von Gott geschrieben worden wären. Wann hast du darüber nachgedacht? Wann hast du das erkannt? Wann hast du das erfahren?

Nein, die Massen wiederholen das und du sprichst das in aller Ruhe nach, was die Massen sagen. Bist du ein Papagei? Bist du ein Mensch oder nicht? Weißt du, ob das aus der Bibel wahr ist oder falsch? Nein, das war die Propaganda über Tausende von Jahren hinweg: Was auch immer in der Bibel steht ist die Wahrheit, und wer an die Bibel glaubt, wird Göttlichkeit erlangen. Und die, die nicht daran glauben, werden in der Hölle verrotten. Überall auf der Welt propagieren alle möglichen Leute alle möglichen Sachen – das alles ist nur Propaganda!

An diesem vierten Tor ist es wichtig, aller Propaganda gegenüber gleichgültig zu sein. Es ist absolut notwendig zu sagen: „Bleibt nur still. Genug ist genug. Ich habe all diese Dinge gehört, aber jetzt gehe ich für mich selber auf die Suche, jetzt will ich selber die Wahrheit finden. Ich will weder die Bibel in meinen Händen herumtragen, noch die *Gita* oder den Koran. Ich will weder die Hand von Krishna noch von Mahavir noch von Buddha halten. Die Existenz hat mir selber ja auch Hände gegeben. Ich werde selber auf die Suche gehen, mit meinen eigenen Händen. Ich will nicht die Hände von irgendwem halten, weder die von einem Meister noch von irgendeiner Schrift. Nein, ich will allein auf diese Reise gehen, auf der Göttlichkeit auf jeden einzelnen Menschen wartet."

Nur wenn wir so tief geläutert sind, können wir den Meister bitten, uns zu entschuldigen und uns allein zu lassen. „Nein, ich will mich nicht mehr an deiner Küchenschürze festhalten. Nein, bitte vergib mir, lass mich frei. Ich werde dir nicht folgen. Jetzt will ich mit meinen eigenen Augen sehen, ich will jetzt auf meinen eigenen Füßen laufen."

Wir müssen so viel Gleichmut aufbringen, dass wir unseren Meistern auf Wiedersehen sagen können. Jetzt sagt ihr ihnen ein tägliches Lebewohl, und zwar ein endgültiges Lebewohl. „Jetzt werde ich dich verlassen, jetzt entschuldige du mich, jetzt nehme ich meinen Mut zusammen und mache mich auf meine eigene Reise, und zwar alleine." Dieser Weg ist einsam, für so einen Weg gibt es keinen Meister. Da gibt es niemanden, der dich an der Hand nehmen wird und mit dir zusammen geht; es ist ein einsamer Weg. Jeder muss den Mut haben, allein zu sein. Der Prozess der Läuterung meint, den Mut zu haben, alleine zu sein.

Ein Priester erklärte in einer Kirche den Gläubigen, was es bedeutet, mutig zu sein. Er erläuterte die Bedeutung von Mut. Er machte ihnen klar, dass Mut bedeutet, allein zu sein. Ein Kind bat ihn, das mit einer Geschichte zu erläutern.

Also sagte der Priester: „Stell dir vor, ihr seid dreißig Schüler und ihr seid auf einem Picknick in den Bergen, auf einer Reise oder auf einem Ausflug. Ihr seid den ganzen Tag lang unterwegs gewesen. In der Nacht kommt ihr an eurer Unterkunft an. Ihr seid so müde, dass ihr gleich ins Bett gehen möchtet. Neunundzwanzig von euch dreißig Kindern sind schon unter ihren Bettdecken, aber ein Kind steht noch in der Ecke und spricht sein letztes Nachtgebet. Es ist eine kalte Nacht und das Kind ist müde vom anstrengenden Tag. Die anderen neunundzwanzig Kinder versuchen das Kind zu überreden, auch ins Bett zu gehen, aber es bleibt in der Ecke stehen und betet zu Ende. „Das ist", sagte der Priester „was ich Mut nenne."

Einen Monat später kam der Priester wieder in diese Kirche und sagte: „Kinder, das letzte Mal erzählte ich euch etwas über Mut. Könnt ihr euch erinnern, was ich euch erzählt hatte?"

Das Kind, das die Frage gestellt hatte, stand auf und sagte: „Sie erzählten uns von dem Mut, allein zu sein, und Sie sagten, dass der Mut, alleine zu sein, das Zeichen eines religiösen Menschen sei."

Der Priester sagte: „Ich habe ein Beispiel gegeben, kannst du es wiederholen?"

Das Kind sagte: „Wir haben dieses Beispiel verbessert."

Der Priester sagte: „Wie meinst du das?"

Das Kind antwortete: „Nehmen Sie an, sie sind dreißig Priester. Sie sind in die Berge gegangen. Die dreißig Priester sind müde und hungrig nach dem ganzen Tag. Sie kommen zur Nacht in ihre Herberge zurück. Neunundzwanzig Priester, alle ängstlich voreinander, sagen ihre Gebete auf, zitternd vor Kälte. Einer von Ihnen aber geht ins Bett und deckt sich mit einer Decke zu. Das, haben sie erzählt, sei Mut. Offensichtlich braucht dieser im Vergleich zum ersten Beispiel sehr viel mehr Mut!"

Ein religiöser Mensch muss seinen eigentlichen Mut in sich selber finden. Was ich unter Läuterung verstehe ist, dass ihr so selbstbewusst werdet, dass ihr gleichgültig gegenüber allen Meinungen der ganzen Welt werdet, und es ist dieses Selbstbewusstsein, das die Geburt eines religiösen Menschen ausmacht. Je selbstbewusster ein Mensch ist, desto gleichgültiger kann er sein, dem gegenüber, was andere Leute sagen, was die Traditionen sagen, was die Gebräuche sagen, was die Schriften sagen, was die Meister sagen. Er wird in der Lage sein, gleichgültig diesen allen gegenüber zu sein. Je weniger Selbstvertrauen er hat, desto schwieriger wird es für ihn sein, gleichmütig zu werden. Falls er überhaupt kein Selbstbewusstsein hat, wird er das vierte Tor niemals erreichen.

Selbstbewusstsein ist die einzige Unterstützung für einen religiösen Menschen. Habt ihr jemals darüber nachgedacht, dass ihr euer Selbstbewusstsein abtötet, dass ihr euren eigenen Mut abtötet, wenn ihr nicht gleichgültig der öffentlichen Meinung gegenüber seid? Wann immer ihr dem Falschen, der öffentlichen Meinung, den Massen nachgebt, immer dann geht ihr in die entgegengesetzte Richtung vom Göttlichen.

Nein, es lohnt sich, gleichgültig allem gegenüber zu sein außer dem, was deine Intelligenz dir sagt, was dein Bewusstsein dir sagt. Nur dem muss man folgen – sonst keinem und niemandem. Aber über Tausende von Jahren ist Wissen in uns eingetrichtert worden. Es ist sehr interessant, dass wir sogar durch Wissen beherrscht werden können. Wissen ist kein System, das man einfach anstellen kann und man ist dann sachkundig, aber genau das ist es, was bislang auf der Erde passiert ist. Wir haben Wissen so benützt, als wären es unsere Kleider. Wir ziehen uns das Wissen an wie Kleider und werden kenntnisreich. Wir lesen Schriften und werden Wissenschaftler. Wir nehmen uns das, was mehr als tausend Jahre lang zusammengetragen wurde und werden weise, so, als wäre Wissen etwas, das man von außen her ansammeln kann.

Nein, Wissen kann nur von innen her entstehen, und es kann niemals ins Innere reichen derer, die sich äußerliches Wissen aneignen wollen. Wissen kommt nur aus der Quelle unseres Seins, aber wir suchen danach in Büchern, in Schriften, in Worten. Diejenigen, die sich dieses Wissen aneignen, werden Wissenschaftler, sie können aber niemals weise werden. Mystiker und Wissenschaftler sind uralte Feinde. Sie hatten niemals etwas gemein, und in Zukunft wird das auch nicht anders sein. Ein Wissenschaftler betrügt sich selber, er wäre ein Wissender. Wissenschaft ist eine Täuschung. Ein Wissenschaftler ist ein Heuchler, ein Angeber. Er weiß nichts, er hat ein paar Sachen gelernt, wiederholt sie beständig und bildet sich ein, er wüsste was.

Ein Mann liest etwas über Liebe und weil er alle möglichen Bücher über Liebe gelesen hat, erzählt er auf einmal, er würde wissen, was

Liebe ist. Man wird ihn einen Wissenschaftler der Liebe nennen, nicht einen Liebhaber. Er hat niemals Liebe erfahren.

Wenn er jenseits seiner Lektüre Zeit gefunden hätte, dann hätte er vielleicht lieben können. Aber er hat niemals die Möglichkeit gehabt, Liebe zu erfahren, obwohl er all diese Bücher über Liebe gelesen hat. Genau das macht einen Wissenschaftler aus.

Es ist genau so, wie wenn man jemanden, der nur Bücher übers Schwimmen gelesen hat, aus Versehen ins Meer stößt. Was wird sein Schicksal sein im Ozean der Wahrheit? Er hat ein Buch übers Schwimmen gelesen. Er hätte die Kunst des Schwimmens darlegen können, wie die Technik des Schwimmens ist. Er hätte die Technik erklären können, er hätte einen Vortrag darüber halten können, er hätte einen Doktortitel dafür erhalten können – aber er konnte nicht schwimmen. Schwimmen können ist das eine, etwas über Schwimmen wissen ist etwas vollkommen anderes. Wissen ist das eine, aber Wissen über Wissen ist etwas anderes. Göttlichkeit zu kennen ist das eine, etwas über Göttlichkeit zu wissen ist eine komplett andere Sache.

Wer dieses vierte Tor durchschreiten will, muss gleichgültig sein gegenüber angelesenem Wissen. Die erste Läuterung – gegenüber der Masse, gegenüber der öffentlichen Meinung – ist wesentlich. Die zweite Läuterung, die Gleichgültigkeit dem Wissen gegenüber, welches über die Tradition vermittelt wurde, das Wissen betreffend, welches wir kultiviert haben, ist ebenso wichtig. Diese Dinge sind uns schon in unserer frühesten Kindheit vermittelt worden.

Niemand fragt uns, ob wir etwas wissen wollen, aber jeder belehrt uns. Der Mensch lernt von seiner frühesten Kindheit an. Er lernt alles wie ein Papagei. Du fragst ihn, ob es Gott gibt, und er sagt ja, du fragst ihn, ob es eine Seele gibt, und er sagt ja. Er ist bereit zu streiten und zu kämpfen, wenn du sagst es gäbe keinen Gott, aber niemand fragt ihn jemals, wie er Gott gefunden hat. Woher weiß er, dass es eine Seele gibt? Er wird sagen: „Mein Vater hat das gesagt“, und der Vater wird sagen: „Mein Vater hat das gesagt“, und sein Vater wird genauso sagen, dass sein Vater das gesagt hat. Du kannst weiterfragen und du wirst sehen, dass alle Väter so sagten. Kann man so Wissen weitergeben? Ist Wissen denn jemandes Eigentum?

Eines Tages saß Buddha unter einem Baum, als er plötzlich so etwas wie ein Erdbeben spürte. Er sah, wie alle Tiere vor ihm wie in Panik rannten. Zuerst saß er da und wunderte sich, was denn los sei, aber dann stellte er fest, dass alle Vögel und alle übrigen Tiere ebenfalls in die gleiche Richtung rannten. Er war verblüfft. Er hielt ein Reh an und fragte, was denn los sei, warum es so rannte. Es sagte: „Lassen Sie mich, ich habe keine Zeit zu verlieren. Wissen Sie denn nicht, dass die Apokalypse gekommen ist und dass das ganze Universum zerstört wird? Mein Herr, es ist Weltuntergang!"

Buddha fragte: „Wer hat dir das gesagt?"

Das Reh sagte: „Alle diese Tiere hier vor mir."

Buddha rannte und schaffte es gerade zu einigen Tieren weiter vor ihm. Er hielt sie an und fragte: „Wo rennt ihr denn hin? Die Löwen rennen, die Elefanten rennen. Wo rennt ihr hin?"

Sie sagten: „Wissen Sie denn nicht, mein Herr, es passiert gerade die Apokalypse des Universums."

„Aber wer hat euch denn das gesagt?"

„Die vor uns."

Buddha war es leid so zu rennen, denn wen immer er auch fragte, sie sagten immer alle das Gleiche. Schließlich fand er ganz weit vorne eine große Menge Kaninchen. Buddha fragte sie: „Freunde, wo rennt ihr hin?"

Könnt ihr euch deren Not vorstellen? Wir brauchen gar nicht von den Kaninchen reden, da, die Löwen und Elefanten, auch die rannten alle in Panik. Diese armen Kaninchen wagten es nicht, stehen zu bleiben. Während sie rannten riefen sie ihm zu, dass ihr Anführer ganz vorne wäre, vor ihm gab es keinen anderen mehr.

Buddha konnte ihn gerade noch erreichen und fragte ihn: „Mein Freund, wo gehst du hin?"

Er sagte: „Wo ich hingehe?"

Buddha fragte: „Wer sagte dir denn, dass gerade der große Weltuntergang passiert?"

Er antwortete: „Niemand sagte mir das. Das fühlte sich für mich so an.“

„Es fühlte sich so an?“

„Es war Nachmittag und ich schlief gerade im Schatten eines Baumes. Ein sanfter Wind blies“, sagte das Kaninchen. „Plötzlich gab es einen Riesenkrach. Meine Mutter hatte mir in meiner Kindheit gesagt, wann immer so ein großer Lärm wäre, dass dann der Weltuntergang passieren würde.“

Buddha fragte: „Unter was für einem Baum hast du gelegen?“

Er sagte: „Unter einem Mangobaum.“

Buddha fragte: „Ist eine Mango heruntergefallen?“

Das Kaninchen sagte: „Gut möglich.“

Das arme Kaninchen! Wenn eine Mango herunterfällt, das reicht dann schon. Buddha brachte ihn zum selben Baum zurück. Viele Mangos waren da heruntergefallen. Das Kaninchen sagte: „Ja, das war der Baum, unter dem ich schlief. Es müssen diese Mangos gewesen sein, die da herabgefallen sind. Aber meine Mutter sagte mir, wenn der Weltuntergang passieren würde, gäbe es einen großen Lärm. Und der Lärm war wirklich groß.“

Der ganze Wald rannte bloß wegen der Idee eines Kaninchens.

So funktioniert eigentlich die ganze Welt. Auch in unserem Leben rennen wir so, wenn ein einziger Mensch sagt, dass ein hindu-muslimischer Aufruhr passieren würde. Da fragt niemand, was für ein Kaninchen den Ärger losgetreten hat. Und dann rasen alle los, diese Priester der Moschee, die Priester des Tempels, die Entsagenden, die religiösen Herrschaften, die Gläubigen, die Menschen mit ihrer Mala, diejenigen mit den religiösen Zeichen auf der Stirn, sie alle rennen los, weil sie meinen, es gäbe einen hindu-muslimischen Aufruhr.

Die ganze menschliche Rasse ist so unendlich dumm, und es gibt nur eines an der Wurzel dieser ganzen Dummheit: Wir begnügen uns mit Wissen aus dritter Hand. Wir stimmen diesen falschen Informationen zu. Einem Menschen, der stillschweigend Wissen aus dieser äußerlichen Welt akzeptiert, wird eine eigene Erfahrung aufgrund seiner eigenständigen Weisheit heraus niemals geschehen. Eigenes Wissen entsteht aus dem Vakuum heraus, wenn du all das Wissen verweigerst, das von außen an dich herangetragen wird, wenn du erklärst, dass Wissen, das einem andern gehört hat, nicht Einlass finden wird in dich. Das Wissen von jemand anderem ist geradeso gut wie Unwissenheit; genauer gesagt, es ist gefährlicher als Unwissenheit. Unwissenheit ist wenigstens dein eigen. Der Mensch, der nein sagt zu dem Wissen von jemand anderem, erkennt, dass seine Unwissenheit nur durch eigenes Wissen ersetzt werden kann.

Es ist wichtig, diese Arithmetik auf einer sehr tiefen Ebene zu verstehen: Unwissenheit ist mein, und sie kann nur durch mein eigenes Wissen ersetzt werden. Wäre es die Unwissenheit eines anderen gewesen, dann könnte sie nur durch das Wissen von diesem anderen ersetzt werden. Aber die Unwissenheit ist mein, und das Wissen von Mahavir, Buddha, Krishna ist ihres. Deine Unwissenheit kann nicht vom Wissen eines anderen beseitigt werden, das ist unmöglich. Das ist niemals möglich gewesen, das kann niemals möglich sein. Das ist eines der ewigen Gesetze des Lebens: Meine Unwissenheit kann nur durch mein eigenes Wissen beseitigt werden, nicht durch das Wissen eines anderen. Insofern ist Gleichgültigkeit gegenüber geborgtem Wissen so wichtig. An diesem vierten Tor musst du alles Wissen, das du von anderen angesammelt hast, zurücklassen, alles Wissen muss fallen gelassen werden. Das wird sehr schmerzhaft sein, aber Läuterung geht nur so.

Es wird sehr wehtun, wenn man Wissen loslässt, denn das Loslassen von Wissen bedeutet, dass man dumm wird, ahnungslos, ungebildet. Kenntnisreich zu sein, informiert, sachkundig zu sein bringt einem viel Freude. Du hast eine Reihe von Versen aus der *Gita* auswendig gelernt, eine Reihe erhabener Aussagen aus den Upanishaden, und du hast Wissen erlangt. Aber was fehlt denn diesem Wissen? Dieses Wissen staffiert nur dein Ego aus, es ersetzt deine Unwissenheit gar nicht. Deshalb machen Wissenschaftler so einen egoistischen Eindruck. Es ist schwer, einen egoistischeren

Menschen zu finden als einen Wissenschaftler, als einen sogenannten Weisen. Diese sogenannten Weisen erlauben es der Welt nicht, eins zu werden. Das ist keine Auseinandersetzung zwischen Hindus und Muslimen, die Auseinandersetzung findet zwischen dem Hindu-Religionswissenschaftler und dem Islam-Religionswissenschaftler statt. Alle Streitigkeiten sind Streitfälle der Religionsgelehrten und die Streitigkeiten werden solange nicht aufhören, solange man diese Theoretiker achtet.

Am vierten Tor muss alles Wissen verworfen werden, muss das ganze Ego des „Ich weiß" über Bord geworfen werden. Wen kennen wir denn schon? Was wissen wir denn schon? Wir kennen nicht einmal den kleinsten Stein. Wir kennen nicht einmal einen Stein, der auf der Straße liegt, und wir meinen das Göttliche zu kennen. Das ist die Spitze des Egoismus, die Krönung der Arroganz. Wenn ich einen Stein aufhebe und ich mich frage, was das ist, dann kriege ich keine Antwort. Der Stein in meiner Hand bleibt ein ungelöstes Mysterium. Ich kann ihn herumdrehen wie ich will, kann ihn von allen Seiten ansehen, beobachten und analysieren, aber ich kann in ihn von keiner Seite eindringen. Der Stein ist ein ungelöstes Rätsel, ein Mysterium. Ein kleiner Stein ist ein Mysterium. Eine kleine Welle auf dem Ozean ist genauso ein Mysterium. Vielleicht ist sie ein genauso großes Mysterium wie die Existenz, weil die Welle genauso ein Teil der gesamten Existenz ist. Der Stein ist ein genauso großes Rätsel wie die Existenz ein Rätsel ist, denn wenn das Göttliche irgendwo existiert, dann existiert es auch in dem Stein. Wir kennen nicht einmal einen kleinen Stein, und unser Ego ist so riesig, dass wir meinen, wir würden das Göttliche kennen.

Man kann nicht durch das vierte Tor mit einem Ego schreiten. Hier musst du abweisend sein gegenüber all diesem Wahnsinn, gegenüber all diesem Wissenwollen. Du musst es ausradieren. Gerade so wie eine Schlange ihre Haut abwirft und sich weiter fortbewegt, so musst du all dein Wissenwollen abwerfen; du musst wieder unwissend werden. Unwissenheit ist wunderbar; ihr ist so viel Unschuld, so viel Reinheit inne.

Als Sokrates alt wurde sagten die Leute zu ihm: „Du bist eine höchst kenntnisreiche Person." Sokrates antwortete: „Wie dumm ihr doch seid! Als ich auch so unwissend war, dachte ich immer, ich wüsste was. Seit ich jetzt aber wissend wurde, weiß ich nun, dass ich nichts weiß."

Wenn ihr durch dieses Tor eintreten wollt, müsst ihr den Wahn allen Wissens abstreifen. Wissen wir wirklich irgendetwas? Was wissen wir denn? Was ist das, was wir wirklich wissen? Wir kennen nicht einmal uns selber, was könnten wir denn dann sonst noch wissen? Aber wir haben riesige Illusionen über Wissens.

Eines Morgens passierte in einem Dorf in Amerika Folgendes ...

Es gab eine kleine Schule in diesem Dorf. Die Kinder hatten jede Menge Dinge gebastelt und viele Spiele erfunden und nach einiger Zeit wurde eine Ausstellung organisiert.

Ein unbekannter älterer Mann hielt sich gerade in diesem Dorf auf und auch er besuchte diese Ausstellung. Er schaute sich die Spielsachen an, die die Kinder gemacht hatten. Sie hatten auch elektrische Spielsachen hergestellt, zum Beispiel ein elektrisches Auto und ein elektrisches Schiff. Die Kinder erklärten die Exponate und die Dorfbewohner sahen aufmerksam zu. Unter ihnen war dieser Fremde, dieser alte Mann, der nicht so aussah wie die übrigen Dorfbewohner. Er sah auch sehr aufmerksam zu. Die Kinder erklärten auch ihm, dass die Spielsachen elektrisch funktionierten.

Der alte Mann fragte: „Könnt ihr mir sagen, was Elektrizität ist?"

Die Kinder sagten: „Das ist sehr schwierig zu erklären. Wir selber wissen es nicht. Wir haben diese Spielsachen ja nur gebaut. Wir wollen unseren Lehrer holen. Er ist ein Absolvent der Naturwissenschaften. Er wird das erklären können."

Sie holten den Lehrer. Der alte Mann sagte zu ihm: „Ich möchte gerne wissen, was Elektrizität ist." Der Lehrer erklärte ihm, wie Elektrizität funktioniert. Der alte Mann sagte: „Ich möchte nicht wissen, wie Elektrizität funktioniert, ich möchte wissen, was Elektrizität ist."

Der Lehrer dachte, der alte Mann käme aus dem Dorf, was könnte also schon einen Unterschied machen zwischen was und wie. Aber der alte Mann fragte, was Elektrizität ist.

Der Absolvent der Naturwissenschaften war verwirrt, weil er nur das Wie erklären konnte. Er konnte die Frage nicht beantworten nach dem, was Elektrizität ist. Wissenschaft kann nur über das Wie abhandeln, das Warum, aber das was es ist, das kann Wissenschaft nicht erklären. Sie hat keine Antworten auf das Was. Der alte Mann hatte eine Frage gestellt, die nur die großen Denker stellen können.

Der Lehrer sagte: „Warten Sie bitte. Lassen Sie mich den Schulleiter rufen, er hat einen Doktortitel der Wissenschaften."

Der Doktor kam ebenfalls und fing an zu erklären, wie Elektrizität funktioniert.

Der alte Mann sagte: „Darum geht es nicht, ich fragte, was Elektrizität ist."

Der Schulleiter sagte: „Entschuldigen Sie bitte, Sie haben mich in Verlegenheit gebracht. Es ist sehr schwer zu sagen, was Elektrizität ist."

Der alte Mann lachte. Er sagte: „Vergessen Sie's. Bezüglich der Fragestellung was Elektrizität ist, haben Alte und Junge etwas gemeinsam. Die Kinder an Ihrer Schule wissen gerade so viel über Elektrizität wie Sie. Und was Elektrizität ist, das wissen sie genauso wenig wie Sie selber. Aber machen Sie sich nichts draus, vielleicht wollen Sie wissen, wer ich bin, ich bin Edison."

Er war der größte Wissenschaftler Amerikas. Er hatte tausende Erfindungen gemacht. Er entdeckte die Elektrizität; er erfand das Radio. Dieser Mann machte tausende Entdeckungen. Es gab niemanden auf der Welt, der es ihm hätte gleichtun können.

Er sagte: „Vergeben Sie mir, aber auch ich weiß nicht, was Elektrizität ist. Machen Sie sich nichts draus. Die Menschen werden niemals wissen, was Elektrizität wirklich ist. Alles Wissen verschwindet angesichts dieses ‚Was'."

Was bedeutet Göttlichkeit? Das ist das ultimative Was, das ultimative Fragezeichen, die endgültige Fragestellung. Kannst du dein Wissen durch dieses Tor hinüberretten?

Das ist das ultimative Fragezeichen, das ist die ultimative Frage, die letzte Frage über die Wahrheit des Lebens. Gelangst du dahin mit deinem Wissen? Wirst du deine *Gita* in deinem Kopf behalten und wirst du fragen, ob du damit hereinkommen kannst? Wirst du deinen Koran mit dir tragen, wenn du durch das Tor eintrittst und sagen, das ist ein sehr Heiliges Buch? Wirst du sagen: „Ich habe das Gewicht der *Vedas* mit mir getragen, bin von so weit hergekommen, mit so einem dicken Buch, lass es mich mit hereinbringen." Über dem Tor steht geschrieben: „Kein Wissen ist hinter diesem Tor erlaubt. Du kannst hereinkommen, aber lass dein Wissen draußen."

Das was jetzt nottut, ist radikale Gleichgültigkeit gegenüber all deinem Wissen. Erst dann kann ein Mensch das höchste Wissen erreichen. Das mag wie ein Widerspruch erscheinen: Es ist für jene erreichbar, die das Wissen abgestreift haben. Wer am Wissen festhält bleibt ignorant, und deshalb kann ihm das höchste Wissen nicht zuteil werden.

Erstens: Gleichgültigkeit gegenüber dem Massenbewusstsein.

Zweitens: Gleichgültigkeit gegenüber dem Wissen, wie es die Tradition vermittelt.

Und drittens, die ultimative Gleichgültigkeit: Gleichgültigkeit gegenüber den Konsequenzen, gegenüber der Zukunft. Ihr müsst in jeder Hinsicht gleichgültig sein gegenüber dem, was ihr bekommen werdet, gegenüber dem, wann ihr es bekommen werdet.

Jemand sitzt in Meditation. Fünfzehn Minuten lang sitzt er mit geschlossenen Augen. Da fängt er an zu denken, dass er ja eigentlich noch gar nichts bekommen hat. „Es wird spät: Gott sollte mittlerweile eigentlich gekommen sein. Ich sitze jetzt fünfzehn Minuten lang, wiederhole dauernd ‚Wer bin ich, wer bin ich', und ich weiß immer noch nichts." Er macht das einmal oder ein weiteres Mal, und dann sagt er sich „Vergiss es!"

So schnell und so billig? Hast du eine große Wohltat getan, indem du fünfzehn Minuten gesessen hast und „Wer bin ich, wer bin ich" wiederholt hast? Schuldet dir Gott etwas? Geh und schreib in dein Tagebuch, dass du dieses und jenes so und so lange getan hast.

So billig, so kostenlos, so schnell? Glaubst du, das Leben wäre ein Scherz? Kann sein, dass wir tatsächlich meinen, das Leben wäre ein Scherz.

Dir muss das Resultat in aller Totalität gleichgültig sein; nur dann kannst du eintreten. Ob du es bekommst oder nicht, das kann überhaupt keine Frage sein; nur dann kannst du eintreten. Ob du es bekommst oder nicht, das kann kein Problem sein. „Ich werde einfach beten, ich werde einfach voller Sehnsucht sein. Ich werde einfach rufen, ob du kommst oder nicht. Ich mach mir keinen Kopf, ob Gott kommt oder nicht, ich sorge mich nicht, ob sich die Tür auftut oder nicht. Ich werde an der Tür rütteln, ich werde anklopfen. Ich werde nicht müde werden. Ich warte nicht einmal auf eine Antwort, ich habe auch gar keine Eile; ich kann bis in alle Ewigkeit warten."

Liebe ist immer bereit zu warten. Nur der Händler will nicht warten. Er sagt: „Komm schnell zu Ende." Liebe ist bereit, bis in alle Ewigkeit zu warten.

Kennt Ihr die Geschichte von Majnu?

Lailas Vater nahm sie mit sich fort, irgendwohin. Diese Väter haben immer Angst vor den Liebhabern ihrer Töchter. Er verschwand einfach mit Laila. Majnu hatte davon gehört, dass sie gesehen worden waren, wie sie weggerannt waren.

Laila und ihr Vater hielten in einem Dorf an, um auszuruhen. Majnu saß am Straßenrand und wartete auf sie. Als sie vorbeikamen fragte er sie: „Wann wirst du zurückkommen? An welchem Tag wirst du zurückkommen?" Laila konnte nicht sprechen, weil ihr Vater und andere Leute in der Nähe waren. Sie deutete auf einen Baum und bedeutete damit, dass sie kommen würde. Sie würde bestimmt kommen.

Majnu stellte sich unter diesen Baum, auf den sie gedeutet hatte. Man sagt, dass zwölf Jahre vorbeigegangen wären und Majnu ging nicht von diesem Baum fort. Er lehnte sich nur an den Baum und blieb da stehen. Es heißt, dass die Rinde des Baumstamms sich mehr und mehr mit der Haut Majnus vereinigte. Man sagt, dass die Nährstoffe des Baums in den Körper und die Seele von Majnu flossen.

Man sagt, dass Zweige aus seinen Händen und Füßen wuchsen und sich Blätter auf ihnen bildeten.

Nach zwölf Jahren kam Laila auf dieser Straße wieder zurück. Sie fragte die Leute nach einem jungen Mann namens Majnu, wo er sein könne, er wäre nirgendwo zu sehen. Die Leute fragten: „Welcher Majnu? Er war vor Jahren hier. Seit zwölf Jahren ist er nicht mehr im Dorf gesehen worden. Aber ja, manchmal, in der Stille der Nacht, kann man einen Laut vernehmen – „Laila, Laila" – eine Stimme im Dschungel. Aber wenn wir am Tag da hingehen, können wir keinen Menschen sehen, aber manchmal kann man eine Stimme aus dem Dschungel vernehmen.

„Die Leute haben Angst, auf dieser Straße zu gehen. Es scheint, als wäre jemand unter einem Baum, aber niemand ist da. Manchmal ertönt ein Laut von dort herüber: „Laila, Laila."

Laila rannte zu dem Baum. Da war kein Majnu zu sehen, aber die Stimme kam von diesem Baum. Sie ging näher zu ihm hin. Majnu war nicht mehr da, er war der Baum geworden.

Sie fing an hilflos zu weinen und stieß mit ihrem Kopf an den Baum und fragte: „Warum bist du Dummer denn nicht von dem Baum weggegangen?"

Der Baum antwortete: „Geht denn das Warten jemals woanders hin?"

Und die Sucher Gottes gehen schon nach fünfzehn Minuten woanders hin. Sie ziehen sich zurück, weil sie denken, dass es ein wenig schwierig wäre; sie könnten das nicht leisten.

Eines Nachts war Akbar im Dschungel. Er war auf der Jagd gewesen und hatte sich verlaufen und so machte er sein Abendgebet unter einem Baum, er hatte sich niedergebeugt und sein Gebet gesprochen. Da kam eine Frau angerannt, lief über seinen Gebetsteppich und stieß ihn dabei ein bisschen. Akbar war schockiert und blickte aus einem Augenwinkel … Alle die beten, machen sowas während ihrer Gebete. Wer ist da? Was ist los? Ihre Augen warten immer auf eine Gelegenheit, zu sehen, was gerade passiert.

Er schloss seine Augen wieder und wiederholte seine Gebete. Was für eine unhöfliche Frau. Sie merkte ja nicht einmal, dass da einer betete. Er beendete das Gebet, denn dies war ja nun kein üblicher Vorgang: Der Herrscher eines Landes betet und eine ganz normale Frau aus dem Dorf kommt vorbei und stößt ihn fast um. Was für eine Beleidigung! Er zäumte sein Pferd und verfolgte sie. Die Frau war auf dem Weg zurück zum Dorf. Er hielt sie an und sagte: „Unverschämtes Weib. Merkst du nicht, wenn jemand seine Gebete verrichtet? Du hast mich gestoßen und bist an mir vorbeigerannt!"

Sie fragte: „Gestoßen? Wie denn das? Wo warst du denn?"

Er sagte: „Ich war am Wegesrand und habe meine Gebete gesprochen."

Die Frau sagte: „Das überrascht mich – ich wusste das nicht. Falls ich aus Versehen gegen dich gestoßen bin, dann muss das doch auch von dir aus geschehen sein. So was kann nicht einseitig passieren, aber ich habe dich nicht gespürt. Tatsächlich wollte ich mich mit meinem Liebhaber nach sehr, sehr langer Zeit wieder treffen. Er kam gerade wieder, also rannte ich ihm entgegen, ich wollte ihn auf halbem Weg treffen. Ich habe nicht gemerkt, dass irgendjemand am Wegesrand seine Gebete verrichtet. Ich war in Gedanken nur bei ihm. Aber darf ich dir eine Frage stellen, Majestät? Wenn du dein Haupt an Gottes Tor neigst, wie kannst du da meinen Stoß spüren? Ich kam angerannt wegen eines gewöhnlichen Liebhabers und ich habe deinen Stoß nicht gespürt. Du wartetest auf den höchsten Liebhaber, den göttlichen Geliebten, du hast auf ihn gewartet. Du hattest dein Haupt niedergebeugt, wie kannst du da meinen Stoß gespürt haben? Und du hast noch wahrgenommen, dass ich eine unbedeutende Frau bin."

Der Herrscher Akbar berichtete in seiner Biografie, dass er das erste Mal wahrnahm, welcher Qualität seine Gebete waren. Welche Art des Erwartens das war, was er da tat. Vielleicht hatte er sich nur etwas vorgemacht.

Wenn die Sehnsucht nach einem gewöhnlichen Liebhaber, nach einem normalen Geliebten dein Sein so stark einnehmen kann, dann ist es von Bedeutung, sich klar zu werden, wie viel stärker die Sehnsucht nach dem Göttlichen sein wird, wenn es geschieht.

Das dritte also: totale Gleichgültigkeit gegenüber dem Ergebnis, gegenüber jeglicher Eile, gegenüber Ungeduld – es müsste jetzt passieren, es müsste bald geschehen. Da gibt es kein Problem, selbst wenn es alle Leben lang nicht passiert. Aber rufe weiterhin, bleibe bei deinem Verlangen. Falls dein Sein irgendeine Quelle in deinem Leben hat, im Universum, wird es denn dann nicht antworten auf so viel Gebet, auf so viel Anrufung, auf so viel Sehnsucht? Wenn es irgendeine Wahrheit im Leben gibt, ist es dann möglich, dass ein derartiger Ruf unbeantwortet bleiben kann?

Du musst alle Erwartungen loslassen – das sollte passieren oder jenes. Das ist die Qualität des vierten Tors. Wenn man das vierte Tor betreten hat, dann gibt es für dich keine weiteren Tore mehr zu durchschreiten, dann gibt es für dich keine weiteren Pfade zu gehen. Dann wirst du nur noch spüren, wie dich das Göttliche magnetisch anzieht.

Ein Mann steht auf dem Dach seines Hauses. So lange er da steht ist alles gut, aber sobald er springt, braucht er nichts mehr zu tun, um zu fallen. Die Erdanziehung zieht ihn ganz von selbst. Sobald er vom Dach fällt, braucht er nicht mehr zu fragen, was er tun muss, um den Boden zu erreichen; er hat nicht einmal mehr die Zeit dazu. Die Erde zieht ihn an. Muss man am vierten Tor irgendetwas tun?

Nein, nach dem vierten Tor herrscht die göttliche Gravitation, die Anziehung der Göttlichkeit. Sie zieht ihn, diese Anziehung wird Gnade genannt, Segen, Mitgefühl.

Diese vier Tore müssen wir durchschreiten. Danach bleibt nichts mehr zu tun. Wir werden gezogen, wir werden gerufen, wir sind eingeladen. Wir müssen das Dach verlassen und dann zieht die Erde uns an sich. Wenn wir das Dach nicht verlassen, was kann dann die Erde machen? Es ist schwer zu sagen, was nach dem vierten Tor passiert, aber hier endet die Reise des Menschen. Danach beginnt die Reise des Göttlichen. Danach ist nichts mehr in unseren Händen, nichts. Was auch immer passieren wird, es geschieht von selbst.

Und das Letzte zur Erinnerung: Wenn wir erst einmal auch nur einen einzigen Schritt hin zum Göttlichen tun, da gibt es dann jede Sicherheit, dass das Göttliche bereit ist, uns mit tausend Schritten entgegenzukommen. Nur ein Schritt von unserer Seite und der Rest wird vom Göttlichen getan. Aber wir sind so elend, dass wir nicht einmal bereit sind, einen Schritt zu tun.

Ich habe in diesen drei Tagen einige Dinge gesagt, nicht in der Hoffnung, dass ihr, nachdem ihr mir zugehört habt, über diese Dinge nachdenkt, sondern, dass ihr einen Ruck erfahrt und dass eine Reise beginnt. Diese Reise hat kein Ende. Gesegnet sind die, deren Augen erhoben sind, dem Göttlichen entgegen.

Ich bin sehr dankbar, dass ihr mir mit so viel Liebe und Stille zugehört habt in diesen drei Tagen.

Zum Ende nun verneige ich mich vor dem Göttlichen in jedem von euch. Bitte nehmt meine Grüße an.

Jetzt setzen wir uns zur letzten Nachtsession dieses Camps. Danach werden wir auseinandergehen. Setzt euch ein wenig auseinander, damit niemand irgendjemand anderen berührt. Niemand soll sprechen. Geht einfach ganz ruhig auseinander und setzt euch in Stille nieder.

Setzt euch ruhig hin und lasst euren Körper sich völlig lockern. Sitzt bequem. Wenn ihr eure Augen schließen wollt, schließt sie oder haltet sie halb geöffnet. Ich werde euch jetzt ein paar Anregungen geben. Macht diesen Anregungen entsprechend eure Erfahrungen.

Der Körper entspannt. Lass ihn völlig locker, so als wäre kein Leben in ihm. Der Körper entspannt sich, er entspannt sich, als wäre er nicht da. Wo ist er? - der Körper ist ein Teil des Staubs. Denk an ihn, als wärest du eins mit ihm. Staub ist da, Erde ist da, Pflanzen sind da, und der Körper ist auch da. So war er da seit gestern, und so wird er auch morgen wieder eins sein mit all diesem. Wo ist er? Lass ihn so locker, als wäre er überhaupt nicht da.

Der Atem wird ebenso ruhig. Er wird ruhig ... Er wird ruhig. Lass das Atmen ganz locker werden ... Das Atmen ist locker geworden. Das Atmen ist völlig locker geworden.

Der Mind ist ebenso still geworden, so still wie die Nacht still ist. Lass den Mind ebenso los. Verliere dich in der Nacht. Der Mind wird ganz ruhig. Er wird ruhig ... Er ist ruhig geworden.

Bleibt zehn Minuten lang in dieser Stille und Leere sitzen und hört der Brandung des Ozeans zu. Windböen kommen, ein Vogel ruft, andere Geräusche sind hörbar. Hört diesen ganzen Geräuschen zu, horcht einfach. In dem Maße wie ihr horcht geht ihr in die totale Leere. Lauscht, horcht weiter. Horcht zehn Minuten lang weiter, hört den Windböen zu. Das Göttliche ist in allernächster Nähe. Nur es ist. Seine Spuren sind ganz deutlich - aber wo sind die Sucher auf dem Pfad?

Horcht, das Meer rauscht. Lass diesen Klang des Meeres in deinem leeren Mind widerhallen und dann kehre in die Stille zurück.

Horch weiter in aller Stille, du nimmst alles wahr. Horche, horche, horche ... In dem Maße, wie du horchst, wird dein Mind völlig still. Du selber verschwindest, und nur noch die Nacht bleibt übrig, der Mond, das Mondlicht, die Bäume, die See. Du verschwindest. Verliere dich in all diesem.

Horche. Der Mind wird leer... Der Mind wird vollständig leer... Der Mind wird leer... Der Mind wird leer... Lass ihn sich verlieren, lass ihn sich völlig verlieren in dieser Nacht. Der Mind wird leer... Das ist es.

In dem Maße, wie du horchst, wird der Mind vollständig leer. Horche, der Mind wird leer. Schau nach innen, der Mind wird vollständig leer. Stille, eine geräuschlose Stille. Der Mind wird vollständig leer. Eine völlig kühle Stille. In allem wird es kühl und still. Der Mind wird leer ... Der Mind wird leer ... Der Mind wird leer... wir sind verschwunden. Wo sind wir? - nur noch Leere bleibt, absolute Leere bleibt. Der Mind ist leer geworden.

Horcht, hört weiter den Geräuschen zu, der Brandung. In dem Maße, wie ihr horcht, wird der Mind vollständig still. Der Mind ist vollständig still geworden. Erkenne diese Leere in aller Aufrichtigkeit. In diese Leere musst du jeden Tag eintreten.

Und jetzt nimm ein paar tiefe Atemzüge. Mit jedem Atemzug wirst du spüren, wie die Stille zunimmt. Nimm langsam ein paar tiefe Atemzüge, öffne langsam deine Augen. So wie die Stille innen, so nimmt die Stille auch draußen zu. Öffne langsam deine Augen.

Lass diese Meditationstechniken nicht hier zurück. Nachdem du zu Hause angekommen bist, am Morgen oder am Abend, wann immer es möglich ist, führe sie weiter.

Mit ein bisschen Mühe und mit ein bisschen Übung wirst du mehr und mehr völlig neue Erfahrungen mit ihnen machen. Nur ein bisschen Mühe wird viele Erfolge mit sich bringen.

Unsere letzte Sitzung endet hier.

Über Osho

Oshos Lehren widerstehen jeglicher Kategorisierung, sie reichen von der persönlichen Sinnsuche bis hin zu den dringendsten sozialen und politischen Fragen, mit denen die Welt heute konfrontiert ist. Seine Bücher wurden aus zahllosen Tonband- und Videoaufnahmen transkribiert. Er hat über einen Zeitraum von 35 Jahren vor einer internationalen Zuhörerschaft stets aus dem Stegreif gesprochen. Er sagte: „Denkt daran, was immer ich sage, ist nicht nur für euch … ich spreche auch für die kommenden Generationen."

Der Londoner Sunday Times zufolge zählt Osho zu den „1000 Machern des 20. Jahrhunderts"; der amerikanische Romanautor Tom Robbins hat ihn einmal „den gefährlichsten Mann seit Jesus Christus" genannt. Sunday Mid-Day (Indien) hat Osho als einen der zehn Menschen bestimmt, die das Schicksal Indiens verändert haben – wie Gandhi, Nehru und Buddha.

Osho selbst beschreibt sein Werk als „Beitrag, die Voraussetzungen für die Entstehung einer neuen menschlichen Lebensweise zu schaffen". Diesen neuen Menschentypus hat er immer wieder als „Sorbas der Buddha" umschrieben – also einen Menschen, der nicht nur wie Sorbas der Grieche die irdischen Freuden zu schätzen weiß, sondern ebenso sehr die stille Heiterkeit eines Gautam Buddha.

Wie ein roter Faden zieht sich durch alle Aspekte von Oshos Arbeit die Vision einer Verschmelzung der zeitlosen Weisheit des Ostens mit den höchsten Potenzialen westlicher Wissenschaft und Technik. Vor allem seine revolutionären Ansätze zur Wissenschaft der inneren Transformation haben Osho berühmt gemacht. Seine innovativen „aktiven Meditationen“ basieren auf dem Gedanken, dass erst der in Körper und Geist angesammelte Stress abgebaut werden muss, um, frei von Gedanken und entspannt, einen meditativen Zustand zu erfahren.

www.osho.com

Das Osho International Meditation Resort

Lage: Etwa 120 Kilometer südöstlich von Mumbai, in der prosperierenden Stadt Pune gelegen, ist das Osho International Meditation Resort ein Urlaubsort der besonderen Art. Das Gelände erstreckt sich über ca. 15 Hektar inmitten eines von alten Baumalleen gesäumten Villenviertels.

Besonderheit: Jedes Jahr empfängt das Ressort Tausende Menschen aus über 100 Ländern. Auf dem Campus gibt es die Möglichkeit, direkt Erfahrungen mit einem anderen Lebensstil zu machen – durch mehr Bewusstheit, Entspannung, Festivitäten und Kreativität. Es gibt eine Vielzahl an Programmen die rund um die Uhr und über das ganze Jahr hin angeboten werden. Nichts zu tun und zu entspannen, ist eine davon. Alle Programme gründen auf Oshos Vision von „Sorbas, dem Buddha" – einer qualitativ neuen Art von Mensch, der nicht nur sein Alltagsleben schöpferisch zu gestalten vermag, sondern auch Zugang zu entspannter Stille und Meditation findet.

Meditationen: Es werden täglich und regelmäßig Meditationen unterschiedlichster Art angeboten – aktive und passive Methoden, traditionelle und revolutionäre, und ganz besonders natürlich, die von Osho entwickelten Aktiven Oho Meditationen. Sie alle finden in der wahrscheinlich weltgrößten Meditationshalle, dem Osho Auditorium, statt.

Multiversity: Hier kann man Einzelsitzungen, Kurse und Trainings zu unterschiedlichen Themen buchen – von den bildenden Künsten bis hin zu ganzheitlichen Heilmethoden, von persönlicher Transformation bis hin zu Therapie, esoterischer Wissenschaft, Sport- und Fitnessprogrammen mit Zen-Akzent.

Das Geheimnis des Erfolgs der Multiversity, liegt darin, dass alle Programme immer mit Meditation verknüpft sind, um das Verständnis zu fördern, dass wir menschlichen Wesen mehr sind als die Summe aller Teile.

Basho Spa: Das luxuriöse Spa hat einen großzügigen Pool unter freiem Himmel umsäumt von Bäumen und tropischem Grün. Das weitläufige Jacuzzi, Sauna, Gym, Tennisplatz … all diese Plätze liegen in einer ausgesprochen ästhetisch gestalteten Anlage.

Küche: Es gibt stets eine Auswahl köstlicher vegetarischer Gerichte in westlicher, asiatischer und indischer Ausrichtung. Das Meiste davon wird für das Ressort organisch angebaut. Brot und Kuchen werden in der hauseigenen Bäckerei gebacken.

Nachtleben: Die Nummer 1 der Abendveranstaltungen ist das Tanzen, neben Vollmond-Meditationen unterm Sternenhimmel, Varietétheater, Musikveranstaltungen und Meditationen. Man kann auch Leute am Plaza Café treffen oder einen Spaziergang durch die Gärten in dieser märchenhaften Umgebung machen.

Infrastruktur: Alle wesentlichen Dinge kann man in der Galeria einkaufen. In der Multimedia Gallery bekommt man alle Osho Media Produkte. Es gibt eine Bank, ein Reisebüro und ein Internetcafé auf dem Campus. Für alle die gerne auf Shoppingtour gehen: Man findet in der Stadt sowohl gute traditionelle Produkte, wie auch weltbekannte Markenläden.

Unterbringung: Man kann sich im eleganten Osho Guesthouse einmieten oder sich für längere Aufenthalte zum Living-In Programm anmelden. Zusätzlich gibt es noch zahlreiche Hotels und Appartements in der direkten Umgebung.

Mehr:

www.osho.com/resort

Websites:
http://OSHO.com/AllAboutOSHO
http://OSHO.com/Resort http://www.youtube.com/OSHOinternational
http://www.Twitter.com/OSHO
http://www.facebook.com/pages/OSHO.International

OSHO International Foundation:
www.osho.com/oshointernational
oshointernational@oshointernational.com

Mehr gute Bücher für die Innenwelt:

www.innenwelt-verlag.de